4000億円の空白市場を
切り拓いた秘密

ワークマン式
「しない経営」

株式会社ワークマン専務取締役
土屋哲雄

ダイヤモンド社

はじめに

4000億円の空白市場を切り拓いた秘密

ワークマンは「しない会社」だ。

◎社員のストレスになることはしない

残業しない。

仕事の期限を設けない。

ノルマと短期目標を設定しない。

◎ワークマンらしくないことはしない

他社と競争しない。

値引をしない。

デザインを変えない。

顧客管理をしない。

取引先を変えない。

加盟店は、対面販売をしない、閉店後にレジを締めない、ノルマもない。

◎価値を生まない無駄なことはしない

社内行事をしない。

会議を極力しない。

経営幹部は極力出社しない。

幹部は思いつきでアイデアを口にしない。


目標を定め、ノルマを決め、期限までにやりきるといった多くの企業がやっていることは一切しない。

とりわけ「頑張る」はしないどころか、禁止だ。

それでも業績は10期連続最高益を更新中だ。

2020年3月期は、チェーン全店売上（ワークマンとワークマンプラス）が1220億

図1｜ワークマンとワークマンプラスの売上・経常利益・店舗数の推移

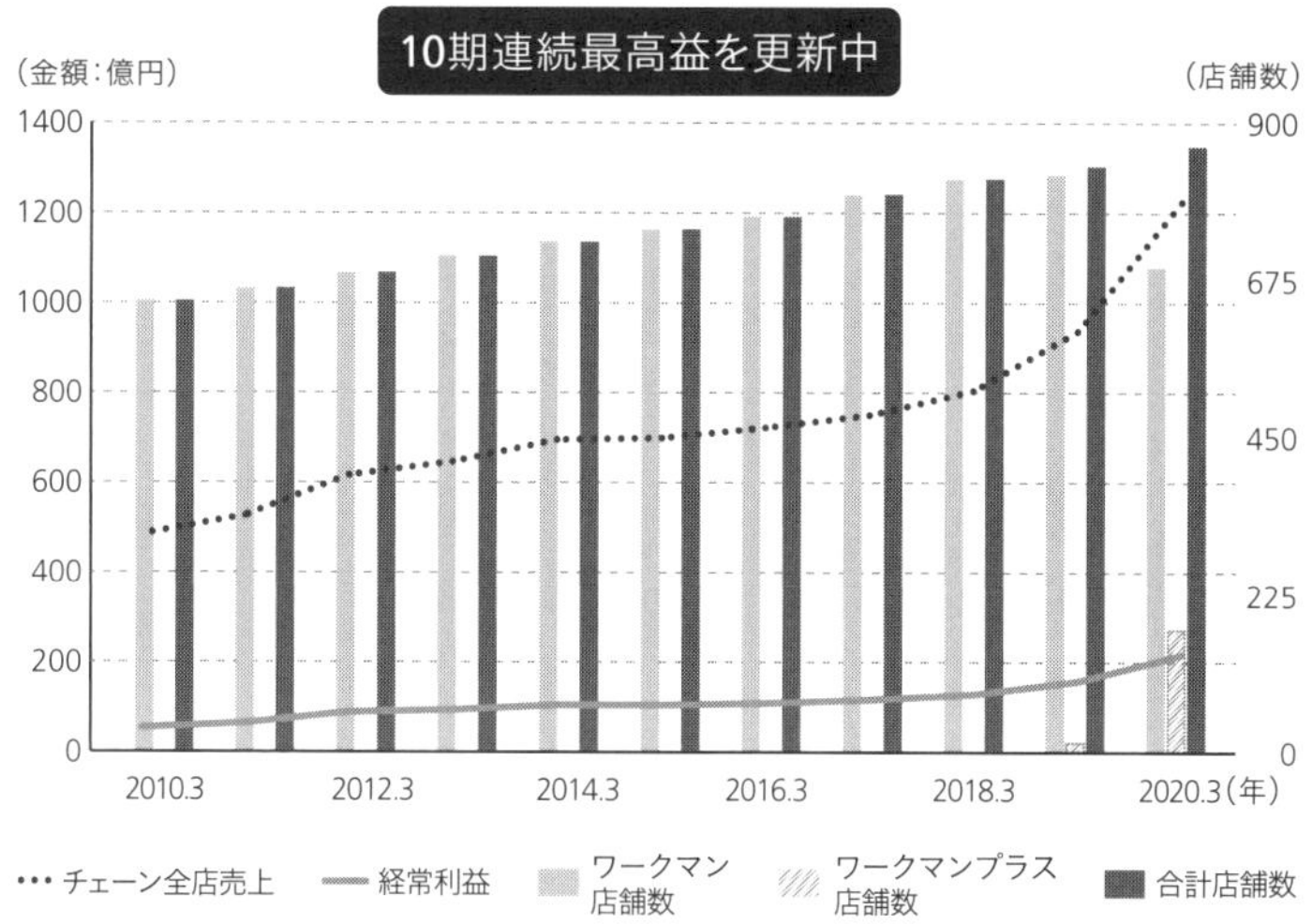

円（前年同期比31・2％増）。営業利益192億円（同41・7％増）、経常利益207億円（同40％増）、純利益134億円（同36・3％増）となった。

特に新業態の「ワークマンプラス（WORKMAN Plus）」が好調だ。

2018年9月5日に、一般向けのアウトドアウェアを扱う「ワークマンプラス」を大型ショッピングモール・ららぽーと立川《たちかわ》立飛《たちひ》に初出店。

同年11月には「ワークマンプラス」初の路面店を出店した（川崎中野島店）。

ワークマンプラスの路面店とワークマンの既存店の品揃えは100％同じ。違うのは看板と売場レイアウトだけだ。

2020年9月末現在、ワークマンと

ワークマンプラスの店舗数は885店舗（ワークマン663店舗、ワークマンプラス222店舗）となり、ユニクロの国内店舗数を抜いた。

「しない会社」が、
どのようにブルーオーシャン市場を発見し、
客層拡大して業績を上げたのか。
どのように自分の頭で考える社員を育てたのか。

これが本書のテーマである。

2012年、還暦直前の私がワークマンに入社したとき、成長の限界ははっきりと見えていた。
2025年に1000店舗、売上1000億円に達し、それ以上の成長は見込めない。
社長は危機感を抱いていた。だが、具体的な戦略は持ち合わせていなかった。
ワークマンは作業服というブルーオーシャン市場に過剰適応し、身動きが取れなくなっていた。

あれから8年。会社はどう変わり、社員はどう成長したか。
ありのままに書いていく。

第1章では、個人向けの作業服という小さな市場を深化させ、圧倒的な強者となったワークマンの経営ノウハウについて紹介する。

第2章では、ブルーオーシャン市場の拡張（客層拡大）戦略と戦術を詳しく書く。ワークマンプラスという新業態の出店までに、「自社の強みを考える」「強化ポイントを考える」「市場の特性を読みながら進出先を考える」「進出する市場を分析する」「異常値が強みを教えてくれる」「アンバサダーが開発し紹介する」などを次々に実行した。

第3章では、「しない経営」がなぜ最強かを深掘りする。
ワークマンプラスの成功が、競争戦略面から語られることは多い。しかし、それでは半分だ。いくら会社がビジョンを示そうと、社員が同意し、気持ちよく仕事をしてくれなければ結果を出すことはできない。

重要なのは**企業風土を変える**ことである。

図2｜左手に「しない経営」、右手に「エクセル経営」でブルーオーシャン市場の拡張

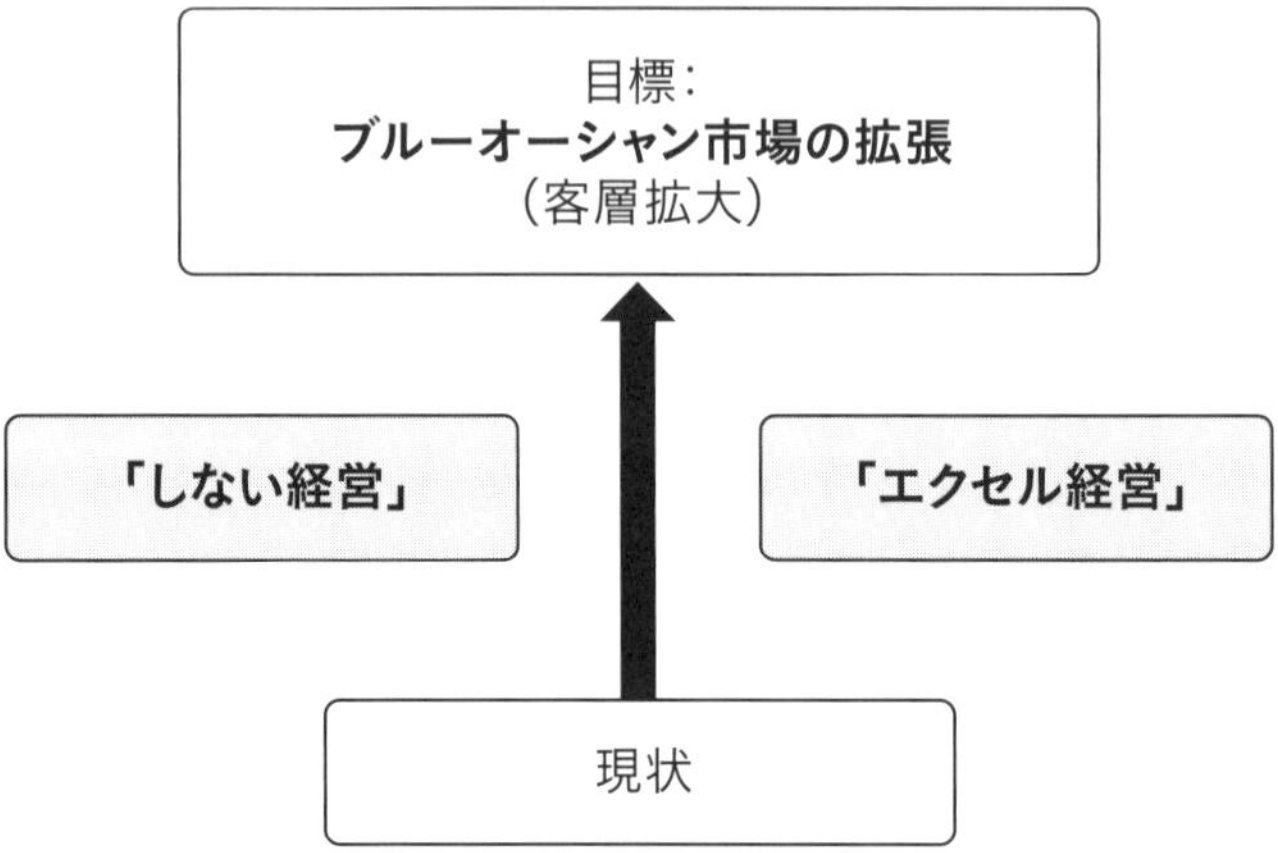

その柱が本書で初めて紹介する**「しない経営」**と**「エクセル経営」**だ。

「しない経営」は社内だけにとどまらない。

加盟店は、**「対面販売しない」「閉店後レジを締めない」「ノルマもない」**。無駄なことをしないと売上が上がるので、子どもなど2代目への加盟店の継承率は**47％**と長期的な関係を築いている（加盟店契約更新率は**99％**）。

国内ベンダー（製造元、販売供給元）にはワークマン本社から**「発注書を出さない」「納品の数量を示さない」**。ベンダーが当社の需要予測システムに基づき、自主的に判断して納品したものを当社は**無条件で買い取る**。

その結果、サービス率（需要に対し製品を供給できた割合）が93％から97％に上昇。当社流通センターの在庫回転日数は27日から24日に短縮された。

「しない経営」により**「社員よし」「加盟店よし」「取引先よし」「会社よし」**の**〝四方よしの経営〟**ができている。

「しない」とは、相手の立場で考えると、「されない」ということだ。無用な干渉をされないことで、自分の時間を有効に使えるので、ストレスフリーで売上を上げ、自分のペースで楽しく働くことができる。

第4章と第5章は「エクセル経営」について掘り下げる。普段誰もが使っているエクセルを駆使して企業風土を変え、社員のやる気を引き出すしくみだ。マクロやVBAはほとんど必要ない。

第4章はおもに会社の変化だ。新業態を運営していく際、これまでの勘と経験は通用しない。未知なる暗黒大陸で勝利を収めるにはデータ活用能力が不可欠だった。

ワークマンにきてびっくりしたのが、**データ活用ゼロの会社**だったことだ。

店舗在庫の数量データすらなかった会社が、高度なAIソフトやデータサイエンティストを使わずに、ただのエクセルを活用することで、どのように変わったか。

ワークマンプラスの品揃えは「エクセル経営」で決まった。

全取扱製品から一般客に購入された製品を抽出し、ショッピングモール店の品揃えを決めた。

ワークマン既存店の1700の取扱アイテムから320アイテムを抽出し、モールに「ワークマンプラス」を出店した。新業態をデータで運営したところ、全社の営業利益は2年前に比べ**181%と急伸**した。

第5章は「エクセル経営」で社員がどう変わったか。

2012年以来、8年間飽きずにコツコツとデータ活用研修をやり続けている。

「継続は力なり」とはよく言ったもので、社員のデータ活用力は年々高まっている。

まったく自信のなかった人、存在感のなかった人、店長に信頼されていなかった人が、いまやトップクラスの人材になり、会社を引っ張るリーダーになった。

第6章は、変革を「やりきる」にはどうしたらいいか。やりきるために必要なのはノルマではない。ましてや頑張りでもない。やりきるには社員に夢、希望、興味が必要だ。そのために経営者に必要なことは何だろうか。

第7章は、早稲田大学大学院・ビジネススクールの入山章栄《いりやまあきえ》教授との対談で、いま話題の「両利きの経営（知の探索×知の深化）」はどうすれば実現するかを考察した。

本書で紹介する方法は特別なものではない。すべての企業で実施できるものばかりだ。ビジネスに携わる方には企業変革のケーススタディとして、経営者や幹部の方には、経営変革の参考材料として活用いただければと思う。

この本は私の初めての本だ。成功談や美談を書く気は一切ない。

還暦直前に入社した私が、拙《つたな》い頭でどう考え、実行したか。それだけをありのままに書こうと思う。

株式会社ワークマン専務取締役
土屋哲雄

ワークマン式「しない経営」……4000億円の空白市場を切り拓いた秘密

目次

第2章

ワークマン式「第2のブルーオーシャン市場」のつくり方

3 お客様の「異常値」が強みを教えてくれる

4 開発段階からアンバサダーを巻き込み、店頭で紹介する

第3章 「しない経営」が最強の理由

第4章

データ活用ゼロの会社が「エクセル経営」で急成長した秘密 153

第5章

なぜ「エクセル経営」で社員がぐんぐん成長するのか

第7章

「両利きの経営」はどうすれば実現できるのか

……早稲田大学大学院・ビジネススクール 入山章栄教授との対談

第1章

「しない会社」にやってきたジャングル・ファイター

1 浅く広くなんでもやる男

■「何もしなくていい」から始まった改革のゴング

2012年、ワークマンに私を呼んだのは、創業者で叔父である土屋嘉雄《つちやよしお》会長（当時）だった。

そのとき、私は還暦を迎えようとしていた。

ワークマンは、会長が創業した「いせや」（現ベイシア）の一部門として1980年に1号店をオープンした。1982年にワークマンは「いせや」から独立し、土屋嘉雄が社長を兼務した。1984年には早々に社長を部下に任せ、代表権のない取締役会長になった。以来、ワークマンの経営には大局的な助言しかしなかった（2019年に退任）。

嘉雄会長に会うと、開口一番、私にこう言った。

「この会社では何もしなくていい」

ワークマンは作業服、特に建設技能労働者向けウェアの専門店として、安定した経営を続けていた。会長は、私がガバナンス経営のコンサルティングをやっていた経験を活かし、社長や経営者が正しい経営をしているか、傍《かたわ》らで見守ってほしいと考えていた。

ただ、その言葉には、いくつかの深い意味があったと思う。

ワークマンの**ブルーオーシャン市場の拡張（客層拡大）戦略と企業風土の改革（「しない経営」＋「エクセル経営」）**は、いま思い返せば、この言葉から始まった。

言葉の真意の一つは、「小さな仕事はするな」ということではなかったか。

「おまえがこれまでやってきたような、小さな事業をやられては迷惑だ。やるならもっと大きな事業をやれ。そのためにもしばらくは腰を据えて勉強しなさい」

嘉雄会長のひと言によって、私は商社時代にたたき込まれた〝ジャングル・ファイター気質〟と決別することになった。ワークマンの改革前に、自分の仕事のやり方を変えることを迫られた。

そこでワークマン入社以前の私について、かいつまんでお話ししておこうと思う。

■三井物産時代に隙間市場を次々開拓

私はさまざまなアイデアで世の中を変えたい、役に立ちたいという思考の人間だ。わかりやすく言えば、スティーブ・ジョブズのような存在になりたかった。

大学卒業後、三井物産株式会社に入社すると、「軽機器」を扱う部署に配属された。事業領域があいまいな部署で比較的自由に仕事ができたので、携行できるものなら手当たり次第に扱った。

33歳のとき、中国初のハイテクベンチャー企業と提携して中国語ワープロをつくり、中国でシェアナンバーワンを獲得した。当時、世に出た日本語ワープロ専用機をヒントに、中国人向けのワープロを、現地事情を踏まえて開発したら大ヒットした。

その後、北京に工場をつくり、現地生産する合弁企業を設立したが、2年で飽きてしまった。私は事業を立ち上げるのは好きだが、安定期に入ると熱が冷めてしまう。

35歳のとき、今度は日本でハイテクベンチャー「三井物産デジタル株式会社」を立ち上げた。

三井物産の社内ベンチャー制度を利用したため知名度と資金力があり、初年度から黒字になった。そこで9年やったが、一番ヒットしたのはレーザープリンタだった。

ただし、普通のレーザープリンタを開発したら、キヤノンやエプソンなどの大手メーカーには太刀打ちできない。そこで肉眼では読めない小さな文字が打てる専用プリンタをつくった。

当時はデスクトップ・パブリッシング（紙媒体の編集やレイアウトなどの作業をパソコン上で行い、プリンタで出力）ブームで、大きな装飾文字を打つプリンタはあったが、小さな文字は打てなかった。そこにニッチ（隙間）な市場が存在した。

たとえば、税務申告書や保険証券の裏には細かい活字が並んでいる。4・5ポイントほどの小さな文字を打つプリンタのため、印刷会社に読めない文字をつくってもらい、データを圧縮する特殊な半導体をオーダーメイドで開発した。唯一無二の製品はかなり売れた。

ボウリング場のオンライン採点装置で大きな利益を出したこともある。

当時は、パソコンレベルの大規模ネットワークシステムはなかった。ボウリング場のスコアの集計と表示、カウンターでの料金精算ができた。ストライクが出ると、チアガールがダンスする画像が流れる。

ただし、ボウリング場ではレーン上をボールが転がるたびに静電気が発生する。コンピユータネットワークには大敵だ。トラブルが多発した。

あるボウリング場のオープン時の始球式で来賓の市長がストライクを出したが、静電気の影響でシステムが落ち、画面が真っ暗になった。このときは関係者にこっぴどく怒られた。静電気対策がされ、システムが安定するまで関係者には迷惑をかけた。

その後、スポーツフォームの分析装置もつくった。ゴルフのスイング、ピッチングフォームなどを撮影し、スロー再生、画面分割で一覧表示する機器である。ピッチングフォームを撮影し、ボールがキャッチャーミットに収まる音を感知すると、撮影を止めて数秒前に遡《さかのぼ》り、スロー再生したり、9画面に分割して一覧表示したりする。

いまならあたりまえの装置だが、当時は画期的なものだった。なんでも売れる直販部隊があり、力ずくで数百台売ったが、たいしたビジネスにはならなかった。

■肩書きが変わっただけで時間単価が2倍に

2006年には、三井情報開発株式会社（現・三井情報）の取締役執行役員に就任し、ゼロからコンサルティング事業を立ち上げた。コンサルツールの開発と体系化、セミナー販促から訪問営業までを一人でやった。

システムエンジニアにコンサルタントという名刺を持たせ、パワーポイントを使ったプレゼン技術、自信を持ってクライアントに説明するトーク術を教えた。

「コンサルは知らないと言ってはいけない」「コンサルは言いきれ」と社員に繰り返し言っていた記憶がある。

結果として同じ社員の時間単価が2倍強になった。肩書きが変わっただけで（もちろん多少のスキルアップはしているが）、これほど評価が変わるのかと驚いた。

コンサルタントとしても扱う分野は絞り、国際会計基準、ITガバナンス、IT投資評価などの制度導入についてクライアントを指導していた。

国際会計基準については、中央大学会計大学院の高田橋範充《こうだばしのりみつ》教授（当時）に押しかけ、弟子（自称）になった。

会計の「か」の字も簿記の「ぼ」の字も知らなかったが、**国際会計基準の「概念フレームワーク」（会計思想）**を2年間勉強した。

当時の日本の会計基準は税法に引きずられ、思想性が希薄だった。海外にはそれぞれの経済実態に基づく会計フレームワークがある。イギリス、アメリカ、ドイツに代表される欧米の3つの会計思想の違いを教授から教わった。国際会計思想を学び、会計ではなく、

経営はどうあるべきかを考えるヒントを得た。

そうした知識を活かしながらコンサルティングをしていた。

ゼロからスタートした三井情報のコンサル部門は100人規模になり、顧客は日本を代表する大企業2社と中堅企業多数だった。

■商社では「ゴミ」扱いされるレベルの事業

このようにハードウェア、ソフトウェア、知財の新規事業を立ち上げたが、事業規模としてはいずれも小さく、商社では「ゴミ」扱いされるレベルだった。

商社で「事業の柱」と考えられるのは、私がやってきた売上100億円、利益10億円というレベルではなく、一桁上がって売上1000億円、利益100億円の事業だ。

ハーバード大学のマコビー教授が、米国の経営者を対象に調査し、以下のようにタイプ分けを行った。

①クラフトマン（職工型＝専門分野にのみ心を奪われるタイプ）

②ジャングル・ファイター（一匹狼型＝モーレッツ主義）

③カンパニーマン（会社人間型＝組織重視）
④ゲームズマン（ギャンブラー型＝勝利にのみ満足を求める）

当時の私は、経営者のタイプとしては**「ジャングル・ファイター」**なのだろう。

私は時代の流れを感じると動かずにはいられない。

パソコンブームのときはパソコン関連機器を開発した。中国ブームのときは中国に、ベンチャー投資ブームのときにはシリコンバレーにいた。国際会計基準、コーポレートガバナンスに注目が集まったときにはコンサルタント事業を立ち上げた。

興味があるものには片っ端から手を出した。売上100億円、利益10億円の事業をつくる自信は常にあった。

しかし、それ以上の事業はできなかった。

会長の「この会社では何もしなくていい」のひと言には、こうした過去のやり方をすぐにワークマンに持ち込むなという意味があったのかもしれない。

2 「しない会社」ワークマンの秘密

■競争相手のいる市場には行かない

私はしばらくワークマンを観察することにした。

この観察によって個人向け作業服というブルーオーシャンを悠々と泳ぐ魚に、成長の限界が迫っていることがわかるのだが、それはもう少し先でお話しする。

私はこれまで多くのビジネスに携わってきたので、企業がどんな戦い方をしているのか、どのように競争相手に対して優位性をつくりあげているのかを分析するのが習慣になっていた。なにしろ還暦直前でワークマンに入社した新参者だ。勉強することは山ほどある。

現場に行って何人もの社員に話を聞き、加盟店を回り、店長にもじっくり話を聞いた。

最初に、どんな市場で、誰を相手にしてきたのかを考えた。

マーケティングであれ、新規事業展開であれ、市場を細分化し、どこをターゲットとするかという選択は、重要な戦略的意思決定になる。

最初に思ったのは、ワークマンは**「しない会社」**だということだ。

経営戦略の古典として名高い『新訂 競争の戦略』（土岐坤・中辻萬治・服部照夫訳、ダイヤモンド社、1995年）で「ファイブフォース分析」を提唱したマイケル・E・ポーターは、**「戦略とは捨てること」**と言った。

経営資源には限りがあるため、何かを選んだら何かを捨てなくてはならない。

私は「ファイブフォース」でワークマンの強みを客観的に分析した。

1 作業服市場に業界外からの新規参入の脅威はほとんどない
2 作業服の買い手の交渉力は個人なので法人ほど強くない
3 作業服の代替品の脅威はほとんどない
4 作業服の供給者（売り手）の交渉力はワークマンに比べて強くない
5 作業服市場では個人向け製品の競争がほとんどない

このように「ファイブフォース」をすべて満たす企業はまれだ。とりわけ業界内の競争

図3｜ワークマンの「ファイブフォース分析」

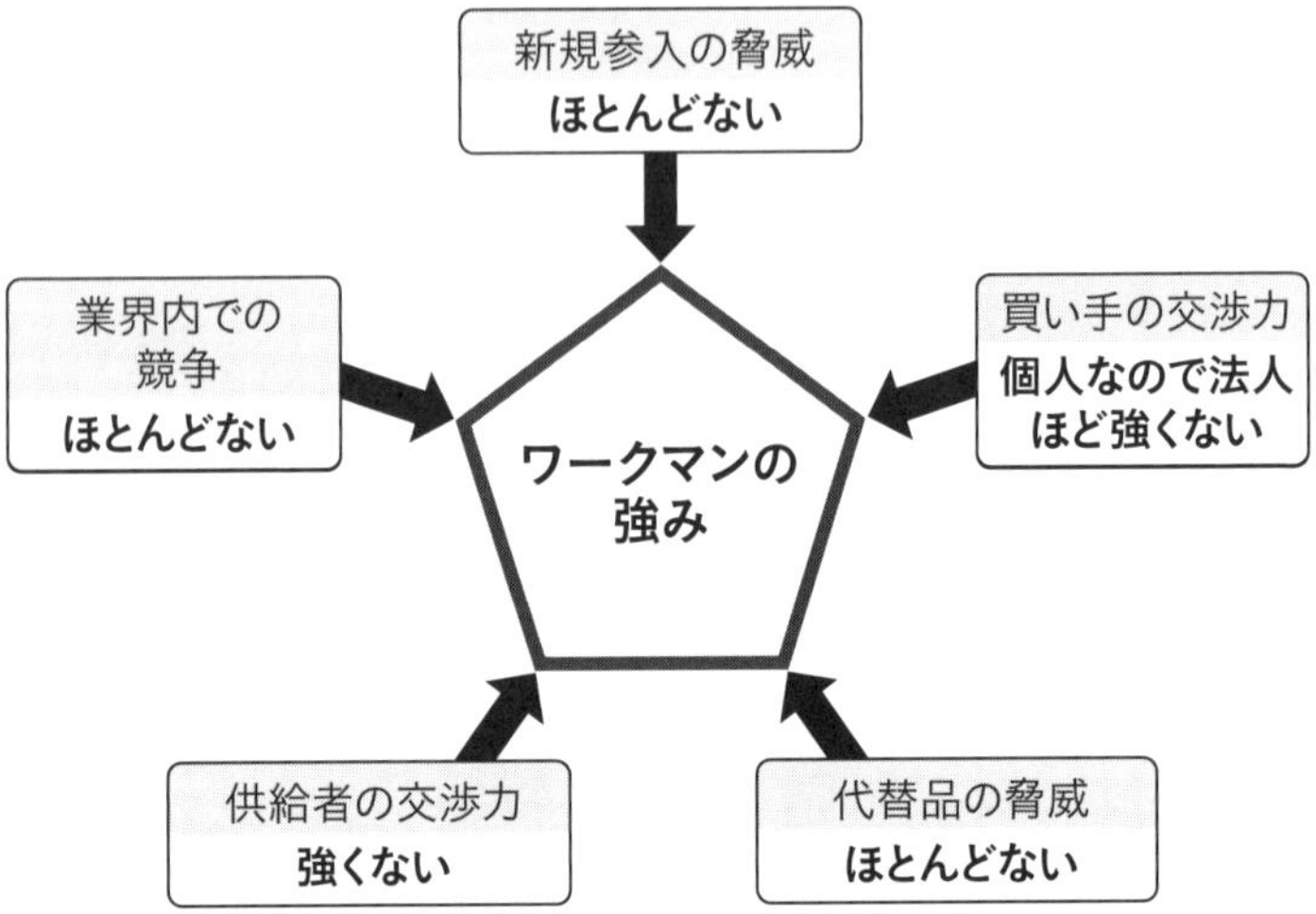

がほとんどないことに驚いた。

天下のトヨタでもユニクロでも世界的には強い競争相手がいる。トヨタにはフォルクスワーゲン、ゼネラルモーターズなどから、テスラや中国の上海蔚来《ウェイライ》汽車（NIO）などの新規参入もある。ユニクロには、インディテックス（ZARA）やH&Mがいる。しかし、ワークマンは競争相手のいない市場にいた。

市場での戦い方は大きく2つある。市場を広くとらえて浅く進むか、市場を狭くとらえて深く進むかだ。

ワークマンは後者だ。作業服の市場規模は約4600億円。内訳は法人相手が6割、個人相手が4割と、規模だけを見れば法人のほうが大きい。

しかし、大きな市場には競争相手も多い。そこへあえて行かないのがワークマンだ。「舌切り雀《すずめ》」のお爺さんは土産に出された大小2つのつづらの小さいほうを選んだが、ワークマンも最初から大きい市場を「捨て」て、個人向けにフォーカスした。

なぜか。たしかに大企業と契約できれば、一つの工場でも数千人分の作業着の販売が継続的に期待でき、おいしい商売に思える。だがよく考えると、アポ取りして商談を重ね、見積もりを出し、交渉で値引も必要になるだろう。成約後も社員一人ひとりの体格に応じた作業服の調達と在庫管理も必要だ。日常業務を想像すると「追加」で1着注文が入り、1着届けるという毎日。人手も時間もかかる。

そういう仕事は**すべて「しない」**と考えるのがワークマンだ。


「製品がよければお客様は自然にくる」

「お客様が自然にこないような製品は出さない」

そうした考えで大きな市場を捨て、小さな市場で高いシェアを取る。作業服の法人需要を捨て、個人向けの店売りに特化する。はなから競争しないと決め、絶対に勝てるポジションを取りをした。

業界を見渡すと、法人向けには大手販売業者が複数いるが、個人向け店舗は零細業者が多く、ワークマンの独擅《せん》場だ。社内には法人営業部員が3人だけいるが、これは大手法人客の情報収集がおもな仕事だ。そこで勝負する気はそもそもない。

■お客様が値札を見ない理由

次に、価格やコストについて考えた。

あるとき、店舗でお客様が製品を購入する様子を見ていた。しばらくすると、どこか違和感を覚えるようになった。お客様が製品を見つけてからレジに到着するまでが早い。さらに観察を続けると、**お客様が値札をまったく見ていない**ことに気づいた。

何かを購入するとき、価格は大事な選択肢だ。値札を見て思い直し、別の製品を選んだり、別の店に足を運んだりすることもある。

ところがワークマンのお客様は、機能やサイズはタグで確認しているが、値札は見ないでレジまで製品を持っていく。レジでは価格が表示されるが、高いとも安いとも言わず、そのままさっと支払って店を出る。これは**大変な信頼感**だと思った。

ワークマンの製品は他社製品に比べて機能がよく、安いことをお客様が確信している。

じつは製品価格は値札を見なくてもお客様にわかるよう規則性を持たせていた。

●普通の防寒ブルゾン　1900円（税込）
●耐久撥水《はっすい》防寒ブルゾン　2900円（税込）
●完全防水ブルゾン　3900円（税込）

と機能で価格がわかるしくみだ。それが「値札を見ずに買う」につながっている。

ワークマンは作業服という小さな土俵で、高機能な製品を安く提供してきた。

ワークマンの作業服は1500円（税込）でも伸縮性や通気性などにすぐれ、高機能だ。競合メーカーは低価格帯では同レベルの製品を個人向けにつくれず、一つ上の3000円台の価格帯に移行していた。

どの業界にも言えることだが、他に先駆けて行動を起こすと競争優位に立てる。

消費財を製造しているメーカーが製品を先に出し、消費者から「あの製品ならあの会社」というイメージを定着させてしまう。「お酢のミツカン」「マヨネーズのキユーピー」などがいい例だ。

早くから個人向け作業服の旗手として事業を行ってきたために、お客様に「作業服ならワークマン」と認識されている。そのため後発企業が同じポジションを獲得しようとしたら、莫大な投資が必要だ。新規参入は非常に難しい。

■粗利益の高い製品は扱わない

まして、それが値札を見ずに買うほど安い。作業服は消耗品であって嗜好品ではない。消耗品である以上、低価格でなくてはならないと考えている。

だから、まず売価を決める。粗利益率は35％を標準としている。売価を先に決め、そこから粗利益を引き、調達価格を決める。製造コストがかさんだからと、価格に転嫁するなどありえない。むしろ原価に余裕がある場合は機能を増やす。

これは作業服に長い間特化してきた賜物だ。

作業服はお客様がいったんある製品を選ぶとリピート率が高い。そのため毎年一定量の売上を見込みやすい。型紙も製造工程も、基本的には10年は継続するため、生産面で無駄が少なく、大量ロットでつくれる。

調達先は毎年入札だが、結果として国内供給先は40年間ほとんど変わっていない。調達先を変えないことでスイッチングコストが削減できる（「善意型」サプライチェーンでさらに進化している→126ページ）。

自社で製造するケースでも、多くの業界では、同じ製品を生産する経験を積めば積むほどコストは低下する。生産工程で歩留まりが重要となる場合はそれが顕著だ。競争相手とはコスト競争力で差をつけられ、競争優位が保てる。**本当の低価格帯は競合が少ないのだ。**

個人向け作業服市場への新規参入者は少ない。仮に新規参入しても、巨大資本でない限り、ワークマンと同レベルの品質・価格・供給保証を実現するのは難しい。一定の経験を積んでワークマン並みの品質と価格を実現できても、ワークマンもその間にさらに高機能と低価格に磨きをかける。

小濱英之《こはまひでゆき》社長に成長力が鈍った場合の製品単価について聞くと、「絶対に上げない。むしろ下げる」と言った。そうすることでワークマンの企業理念**「機能と価格に新基準を実現し生活者の可処分所得を増やす」**を実現していくという。

■一番儲かる製品をチラシに載せない理由

基本的には、980円、1900円、2900円（いずれも税込）が中心の低価格製品を扱っているが、ごくまれに高額製品を扱うこともある。

たとえば近年の暑さ対策からヒットしているのが空調服だ。小型のファンで服の中に外気を取り入れ、体の表面に大量の風を流すことで汗を気化させ、すずしくする。

あるとき、「この製品のテレビCMをつくりたい」という提案が議題に上がった。空調服は定価1万5000円で粗利益率40％弱と、ワークマンの標準的な粗利益率（35％）より高い。

効果的なテレビCMを打てば売れるだろうとは思ったが、その案は却下した。1セット1万5000円の空調服のCMを流したら、「ワークマンは安い」「ワークマンは値札を見なくても買える」というブランドイメージを損なう。そのほうが痛手だ。

空調服はお客様のニーズがあるから扱うが、主力製品にはしないと決めた。低価格路線と合わないので過度な露出を避けている。一番儲かる製品だが、夏の告知チラシにも掲載しなかった。

■値引は「お客様への裏切り行為」だからしない

ワークマンは値引販売をしない。もともと作業服には流行りすたりがない。そのため、売れ残ったものは翌年また定価で販売できる。基本的には在庫処分セールが必要ない。

常時、定価で売ることが前提なので、はじめから売価を低く設定しても利益を確保できる。

チラシは年4回だけ新聞に折り込むが、新製品の案内が目的で値引は一切しない。値引が大好きな人からは、「特売のないチラシなんか入れるな」といったクレームもある。

値引はお客様への裏切り行為と考えている。前に値札を見ないで定価で買ったお客様に対して失礼だ。

その点で各アパレル会社とは戦略が大きく異なる。アパレル店の中には土日だけ値引をするところがある。あるとき、私がそうした店で平日に服を買ったら妻に叱られた。

「なんてバカなことを！　土曜日まで待てば1000円安くなるのよ」

なんとも言えない嫌な気分になり、服を買ったことを後悔した。

値引しなくても売れる製品をつくることが基本だ。値引は手間がかかり、一部の顧客だけが得をして不公平だ。

競合店が1980円（税別）の季節製品を期中に1480円（税別）に値下げするなら、はじめから980円（税込）で売る。

競合店ではお客様が2～3回来店して値札を確認しないと、お得な買い物ができない。

だが、当社の場合、ほとんどのお客様が値札を見ないで買っていく。

正確に言えば、当社の**定価販売率は98%以上**だ。

では残りの2%は何か。

一度売り出したプライベートブランド（以下PB）製品は**原則5年継続して販売**する。

5年経って販売終了するときに「3L」や「S」などの端サイズやド派手な製品だけが値引対象となる。

■「しないこと」を積み重ねた圧倒的な強み

その他、しないと決めたことに海外出店がある。

中国は世界一のEC（電子商取引）大国で、中国に進出したリアル店舗が勝ち残るのは至難の業だ。

中国人は同質競争なら自分たちだけが生き残ると自信満々なので、猛烈な競争を仕掛けてくる。日本企業が進出した業態に雲霞《うんか》のごとく中国企業が参入してくる。

中国は小売効率（粗利益の低さ）で世界有数の超激戦国。だから生半可なコスト意識では絶対に勝てない。

無駄の多い日本企業がリアル店舗で勝つのはまず無理だ。独自の製品を独自の方法で販売する以外に活路はない。


観察の結果、こうした**「しない経営」こそが強さの源泉**であるとわかった。

ワークマンとワークマンプラスの店舗は全国に885あり、業界内でダントツだ（2020年9月末現在）。

同業者の第2位が約50店舗、第3位が約45店舗。新規参入もない。扱っている製品は高機能で低価格。代替品もない。

競争のない新市場を創造し、消費者に高付加価値を低コストで提供することで、利益の最大化を実現する。

未開拓で無限に広がる可能性を秘めた未知の市場を「ブルーオーシャン市場」、反対に多数のプレーヤーで激しい競争を繰り広げる市場を「レッドオーシャン市場」と呼ぶ。

ワークマンは小さめのブルーオーシャンを悠々と泳いでいく戦略がベストだと思えた。

3 「還暦ＣＩＯ」は常に20年先を見る

■見えてきた成長の限界

私は還暦直前にＣＩＯ（Chief Information Officer：企業の情報戦略における最高責任者）としてワークマンに入社した。

日々の会社運営や決算などには口を出さない。日常的な会社運営は社長の仕事だ。私の仕事は、将来の企業戦略、ブランディング、情報発信とインフラ整備。ひと言で言えば、会社の将来を見る役員だ。情報システムの構築や社内でのデータ活用教育の定着には10年、20年かかるから、視座を高くせざるをえない。

そんな目でワークマンを見た。今後も安泰かと言えばとてもそうとは言えない。成長の限界ははっきりと見て取れた。

入社当時のペースで加盟店が増えると2025年に1000店舗になる。人口10万人に対して1店舗の計算だが、都心の地価が高いところにはなかなか出店できない。店舗数は1000、売上は1000億円が限界だ。

近い将来、ネット企業も台頭するだろう。愚直に狭い領域を深耕していればいいかというと、それで行きづまるケースもある。どんどん狭い領域に進んで、気がついたらお客様がまったくいないこともある。

■隙間市場に過剰適応して思考停止したワークマン

当時、社長は強い危機感を持っていた。多くの社員も漠然とした不安を抱えていた。だが、具体的な戦略は持ち合わせていない。一つの分野、狭い業態で30年以上やってきた人たちは、なかなか別の将来を考えようとしない。成功して安定し、2位との差が大きいと前例踏襲になる。ワークマンは作業服というブルーオーシャン市場に過剰適応していた。競争のない海を40年間も悠々と泳いでいた魚だった。

前に「新規参入しても、巨大資本でない限り、ワークマンと同レベルの品質・価格・供給保証を実現するのは難しい」と述べたが、巨大資本であればどうか。おもいきって生産量を拡大し、将来のコスト削減を見込んだ低価格戦略を取ることができる。ブルーオーシャンに突如現れた外来魚に、これまで競争に不慣れな会社が勝てるわけがない。

■戦う市場は大きすぎても小さすぎてもダメ

私は考えた。ブルーオーシャンを継続するにはどうしたらいいか。あるいは**第2のブルーオーシャン市場**を見つけるか。ブルーオーシャン市場を拡張するのか。いきなり見知らぬ海に船出したら負けてしまうだろう。

三井物産時代のベンチャー企業経営の9年間で、それは骨身にしみていた。隙間市場で成功したからといって、少しでも競争の激しい大市場に出るとだいたい負ける。私はこれを何度も経験し、痛い目に遭ってきた。

中国語ワープロで成功したが、それは競争の激しい日本市場やアメリカ市場で戦うことをあきらめたからだ。そして、中国市場での成功の勢いのまま、アメリカでパソコンの製造販売をしたら大敗。1万台売っただけで撤退した。

小さな文字が打てる特殊プリンタで成功した後、一般向け低価格プリンタでは5億円のテレビCMを打っても大敗北した。価格が大手メーカーの2分の1のレーザープリンタで

図4｜市場規模のリスクとリターン

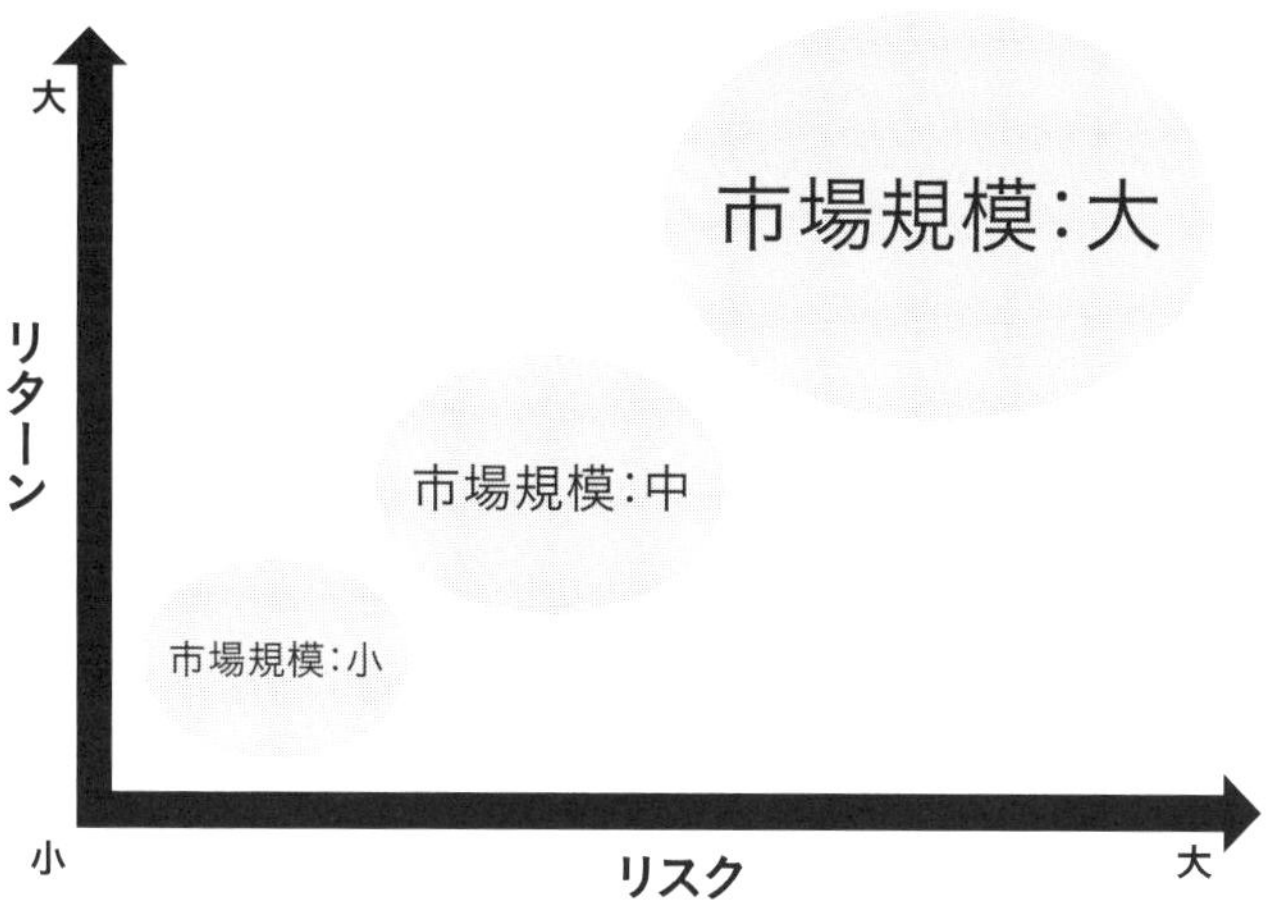

初年度はかなり売れたが、1年後に大手がそのまた半値でプリンタを発売した。汎用品市場で規模が大きすぎたのだ。大手メーカーが本気で参入してきてコテンパンにされた。やはり大企業と競争してはいけない。わかっていたはずなのに、人間とは懲りないものでやってしまう。

かといって隙間市場は地味だから面白くない。それで少し真ん中に行こうとするとたいてい負けた。ワークマンも隙間市場でダントツ1位を取ってきたので、同じパターンでしか勝てないだろう。

だからといってあまりにニッチすぎても行きづまる。三井物産時代、スポーツ分野でフォームの画像解析装置を開発した。当初は売れたが、市場が小さすぎて尻すぼみになった。強力な直販の販売部隊を育てていたので、製品をつくればなんでも売れたが、市場が小さすぎて経営上のメリットがなかった。

大きな市場は競争が激しい（リスク大）が、成功のインパクトは大きい（リターン大）。小さな隙間市場は入りやすい（リスク小）が、経営上のインパクトは小さい（リターン小）。自社の経営規模や強みを考えながら市場規模を選ぶ必要がある。大きすぎても、小さすぎてもうまくいかない。

一体全体、ワークマンはこれからどうしたらいいのか。

「何もしなくていい」日々の課題は決まった。

第2章

ワークマン式「第2のブルーオーシャン市場」のつくり方

1 まったく未知の市場へ「ワークマンプラス」で乗り込んだ理由

■成長の限界を打破する2つの改革

弱者の戦略として狭い市場を深掘りする「ランチェスター戦略」の書籍を紐《ひも》解くと、市場のポジショニングとマーケティングが中心に語られ、長期スパンで継続する方法についてはあまり記されていない。

第1章で触れたように、小さな市場を深掘りする力は圧倒的に強かったワークマンだが、成長の限界ははっきりと見えていた。

何かを変えなくてはならない。

私は考えた。一つは**戦略の変更**、もう一つは**企業風土の改革**である。

本章では**ブルーオーシャン市場の拡張（客層の拡大）戦略**について書く。

次章以降では企業風土の改革を実現させる**「しない経営」をバージョンアップした「もっとしない経営」と「エクセル経営」**について書く。

私は、自社の強みを最大限に活かしながら、新しい市場でのポジション、新しいマーケティング手法、最適なオペレーション（運営）手法という観点でワークマンの経営スタイルを見直した。

その結果、2018年9月に誕生したのが「ワークマンプラス」である。

■見せ方を変え、客層を変える

まず、ワークマンプラスの概要をお話ししよう。

ワークマンの店舗はいずれも100坪の標準店舗で、そこで作業服や作業用品1700アイテムを取り扱ってきた。

ワークマンでは一般向けのアウトドア製品も展開し、客層拡大を狙った。売り場面積の比率は作業系7に対し、アウトドア系3。ただし、アウトドア向けに新たに開発した製品はない。もともとあった作業系1700アイテムから、派手めで一般の人もアウトドア、

図5｜同じ製品を見せ方を変え、客層を変える

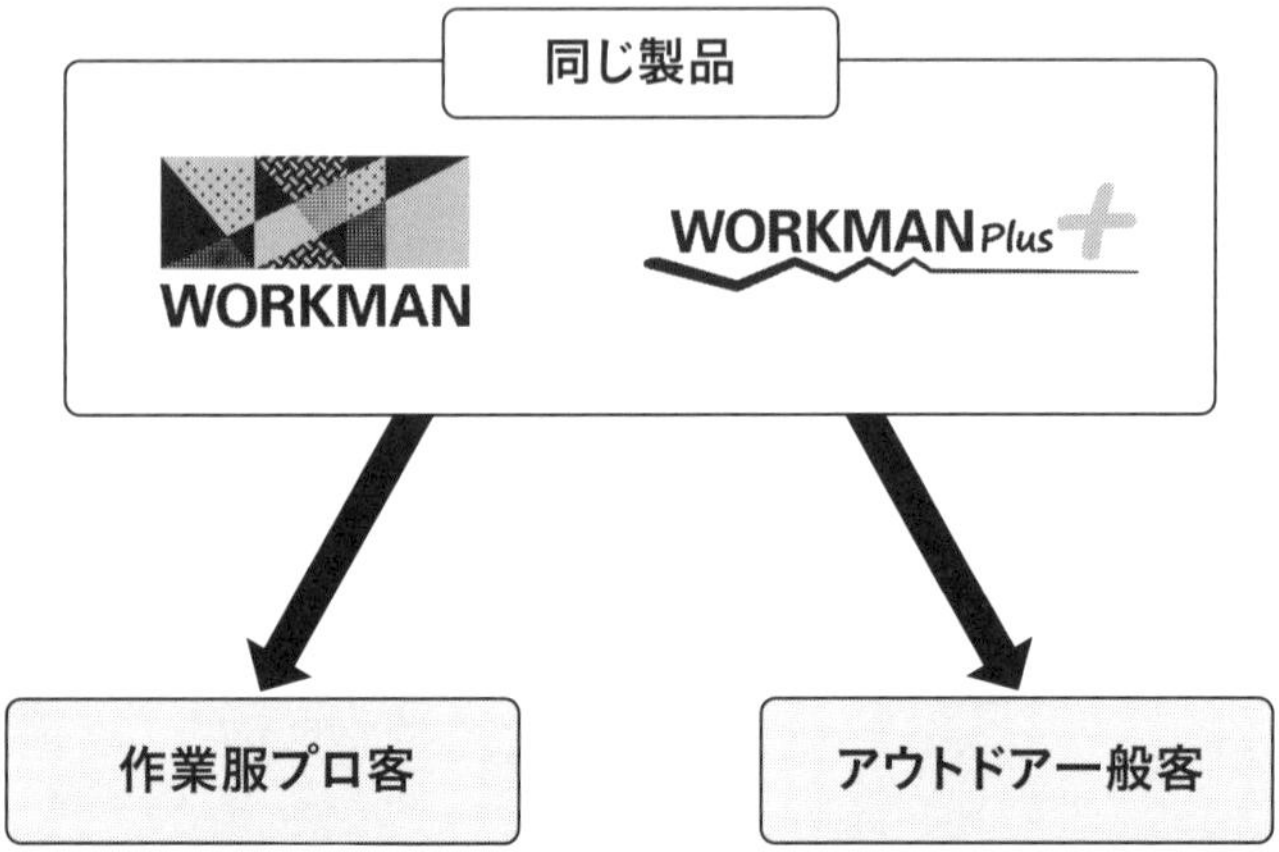

スポーツ、防水ウェアとして使える320アイテムをワークマンプラス用に選んだ。

そして、**見せ方を変えた**。

作業系の製品は機能のよさで売れていて、デザインで買う人はあまりいなかった。

しかし一般客の場合、デザインが重要なので、きちんと見てもらえるようにした。それまでのワークマンにはマネキンや全身の姿見はなかった。スタイリッシュな作業着をコーディネートしてマネキンに着せ、店内のあちこちにお客様の全身を映す鏡を置き、試着室を広めに取った。

もともとあった製品をマネキンに着せ

て違う客層（アウトドア一般客）に販売する。これがすべてだ。製品でなく客層のほうを拡大したのだ。

■入場券なしで殴り込んだアウトドアウェア市場

アウトドアウェア市場に参入する前に、ある調査会社に市場調査を依頼すると、「ワークマンはブランド品ばかりのアウトドアウェア市場に参入できない」「ブランド力がないので購買対象にならない」という結果が出た。

アウトドアウェア市場には、ザ・ノース・フェイス、パタゴニア、コロンビア、モンベル、チャムスなど有名ブランドがずらりと揃っている。ワークマンには「作業服が安く買える」というイメージはあるが、アウトドアウェア市場の入場券は持っていない。いくつかのヒアリング調査を行っても、結果はほぼ同様だった。

私は自分の戦略に自信はあったが、一般に認知されるまでには時間がかかると考えていた。２０１８年9月5日に、第1号店「ワークマンプラスららぽーと立川立飛店」を出店するとき、正直「3年は赤字覚悟、認知されるまでには苦節10年」と思っていた。

開店前日、新店舗に商品部のメンバーを集めた。自分たちの製品陳列を確認し、その足

図6｜アウトドアウェア市場への参入検討結果

【2016年の社内資料】
業界調査とヒアリングの結果：
「アウトドア・スポーツウェア業界は
ブランドメーカーの寡占状態で
ブランド力がないと参入が難しい」
という結論
購入対象領域
購入対象外
高級
ブランド
普及
ブランド
当社
高認知
低認知
3年は赤字覚悟!!
認知されるまでは
苦節10年!!

写真1｜ワークマンプラス第1号店のマネキン戦略

で別フロアにあるユニクロとGUの店舗を見た。格差を認識し、反省と奮起の会を開こうと思っていた。

私はその日初めて、上下コーディネートされた当社の製品を着たマネキンを見た。意外なことに、ユニクロやGUより派手で、見栄えもそこそこだった。「もしかしたらいけるんじゃないか」という手応えを感じた。

大方の予想を覆《くつがえ》し、第1号店は成功した。店先には連日行列ができ、初年度の売上目標をわずか3か月で達成した。

次ページの図を見てほしい。横軸にデザイン性重視と機能性重視、縦軸に高価格と低価格で分けると、**左下に巨大な空白市場**が見つかった。

図7｜**アパレル市場マップ**

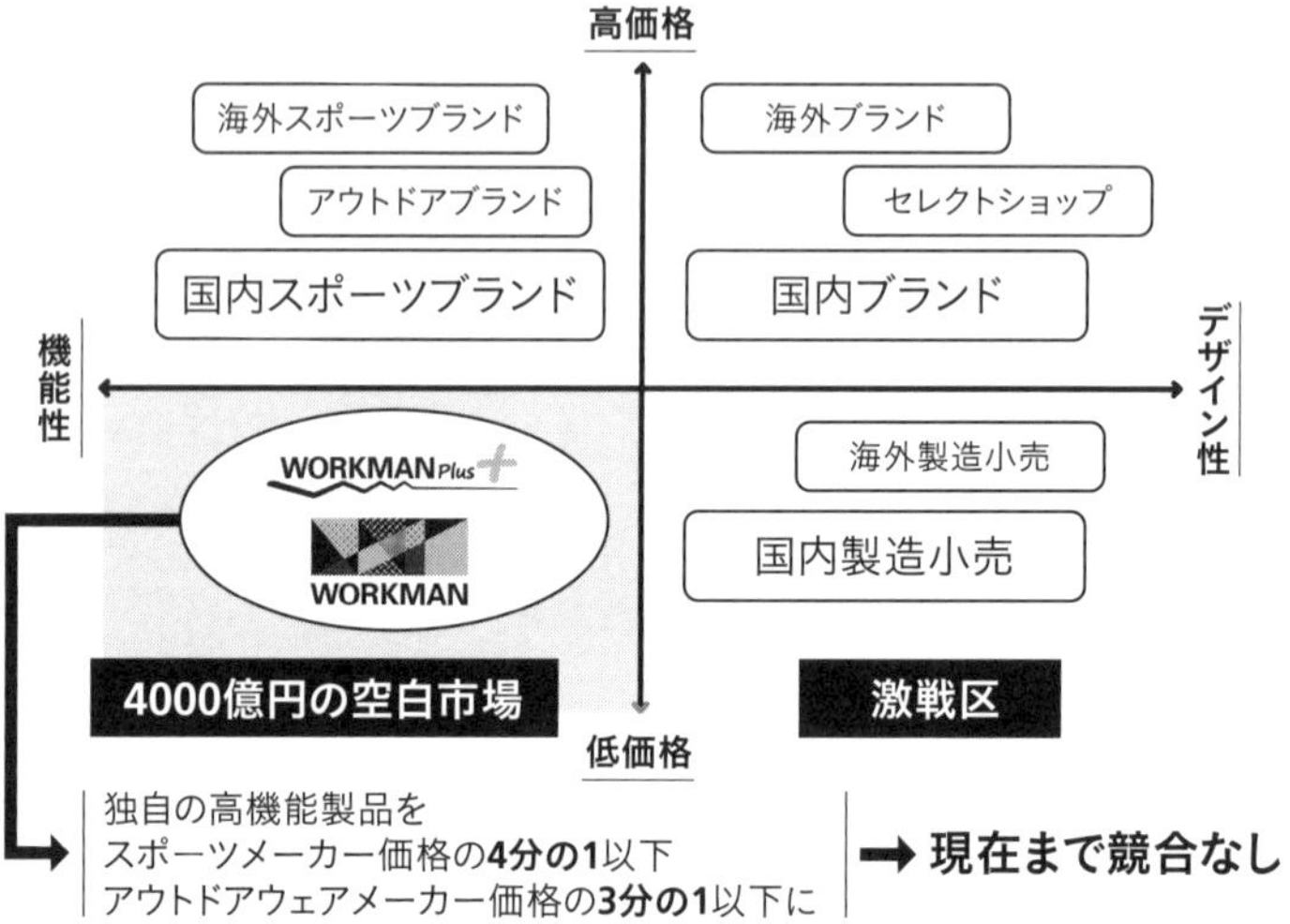

この市場規模はどれくらいか。

フランスにデカトロンというワークマンと似た低価格が売りの会社がある。デカトロンのフランス国内の売上を、日本の人口比で計算すると**４０００億円**近くあることがわかった。

２０２０年３月期のワークマンのアウトドアウェアの売上が約４００億円だから市場の10％となる。低価格アウトドアウェアの市場規模は１０００億円くらいと予想していたが、実際には、４０００億円の「隙間とは言えない規模の市場」だった（知っていたら、自社の実力と市場規模のギャップを考え、参入を躊躇《ちゅうちょ》した可能性がある）。

ソフトバンクグループの孫正義《そんまさよし》会長兼

社長が「4000億円のホワイトマーケットをよく見つけた」と発言されたと伝え聞いている。

ワークマンプラスの成功は、既存店のワークマンにも好影響を与えた。

新業態のワークマンプラスが広告塔となり、既存のワークマンにも一般客が押し寄せ、2019年8月には既存店売上高が前年比154・7%となった。

ワークマンは東証ジャスダック市場に上場しているが、株価も上昇した。

2019年12月17日には時価総額が一時8600億円を超え、あの外食王・日本マクドナルドを上回った。

■ワークマンプラスを実現した「6+1」の視点

以上がワークマンプラスの概要だが、出店までのプロセスに次のような流れがあった。

①自社の強みを見つける
②なければ、強みを育てる
③進出市場を選定する

図8｜ブルーオーシャン市場をつくる戦略ステップ

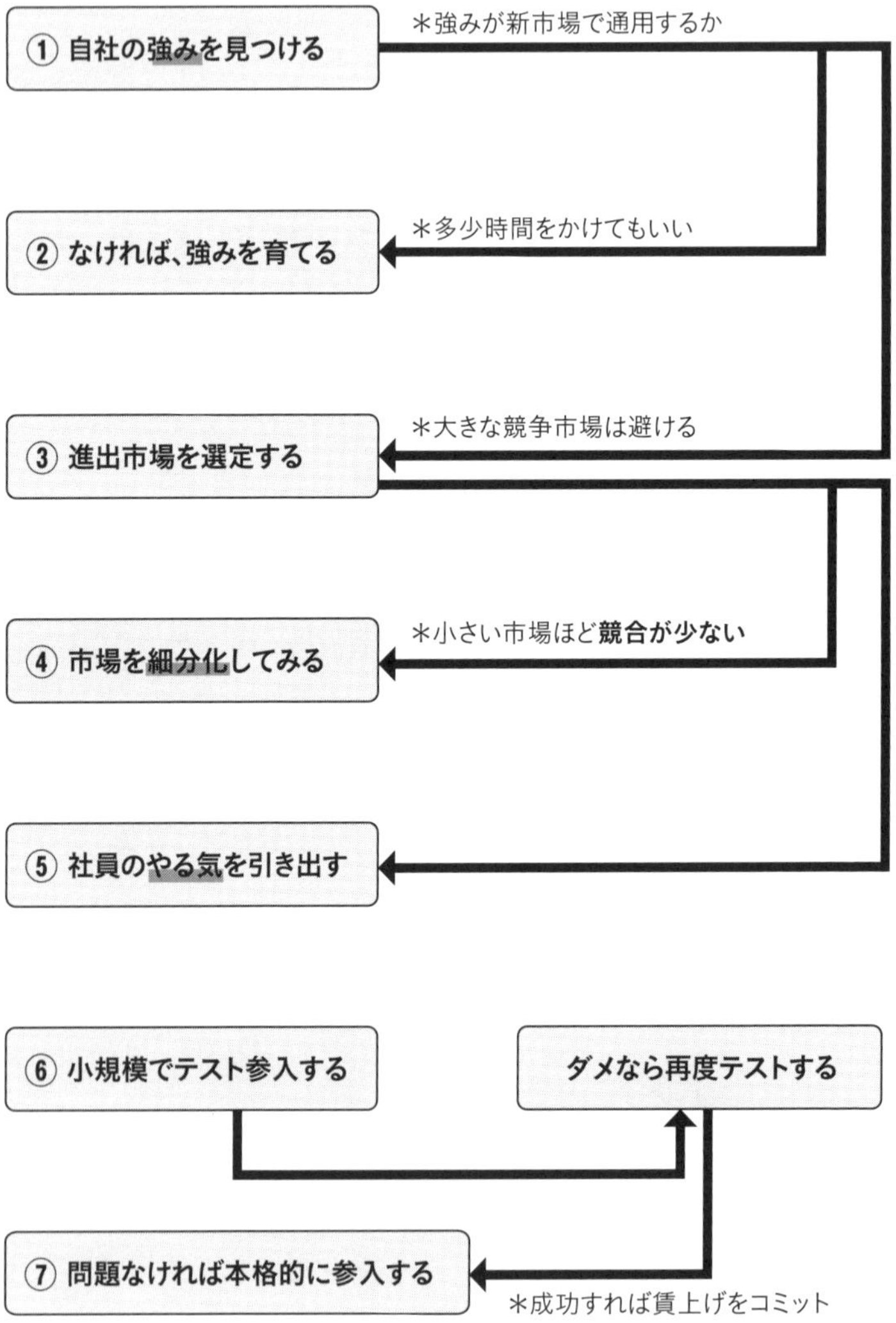
① 自社の強みを見つける
＊強みが新市場で通用するか
② なければ、強みを育てる
＊多少時間をかけてもいい
③ 進出市場を選定する
＊大きな競争市場は避ける
④ 市場を細分化してみる
＊小さい市場ほど競合が少ない
⑤ 社員のやる気を引き出す
⑥ 小規模でテスト参入する
ダメなら再度テストする
⑦ 問題なければ本格的に参入する
＊成功すれば賃上げをコミット

④市場を細分化してみる
⑤社員のやる気を引き出す
⑥小規模でテスト参入する
⑦問題なければ本格的に参入する

これらは順番に行うのではなく、常に同時に考え、修正を加えながらワークマンプラスの出店に結びついていった。現在は、**③進出市場を選定する**を再度行い、さらなるブルーオーシャン市場の拡張を狙っている。

ワークマンプラスとまったく同じやり方で、980円と1900円（いずれも税込）の**靴の2プライスショップ**や、小雨から豪雨までの**雨対策品の専門ショップ**などだ。

100円均一的発想の定額価格の靴専門店はないし、日本は3日に1回、雨が降るので**雨の専門店**は有望だと思っている。そのうちに**「ワークマンシューズ」**と**「ワークマンレイン」**の実験店舗を出してみるつもりだ。

2 自社の強みを活かし、ブルーオーシャン市場を発見する

■自社の強みはどこにある？

企業が新しいジャンプアップを図るときに大切なのは、飛躍した発想をしないことだ。

地道に自社の強みや風土を分析し、地に足のついた着実な変革をする。

各企業には固有の存在意義や強みがある。それによって今日まで事業を存続してきた。

そこから逸脱した戦略は失敗する。

自社が誰に、どのような価値を提供してきたか。**誰が、どのような価値に対してお金を払ってくれたのか**。それを確認することが重要だ。

自社の強みにはさまざまな分野がある。

たとえば、企画力、製造力、製品開発力、ブランド力、販売力、販売ネットワーク力、

ネット販売力、固定客、顧客関係力、コスト競争力、立地力、調達力、サプライチェーン力、業界自体の競争力など。これについてコンサルタントなどに分析してもらうケースもあるが、社外の人より、自社と隣接業界を一番よく知る社員が、すでに気づいていることが多い。

大まかに自社の強みを見つける場合、「競争力の3つの根源」をM・トレーシーとF・ウィアセーマの名著『ナンバーワン企業の法則』（大原進訳、日本経済新聞出版、1995年）から考えた。

●製品力（差別化された製品）
●顧客関係力（固定客の囲い込み）
●運営力（現場の改善力、低コスト運営）

自社は製品力が強いのか、お客様をどれだけ自社のファンにしているのか、現場を継続的に改善する力があるかがポイントだ。

ワークマンは運営力の強い会社だ。第1章で見たとおり、業務を徹底的に**標準化**する。「しない経営」で低コストで運営する。製品は規模の経済で他社よりも安く仕入れる。このロ

図9｜**自社の強みの現状と強化ツール**

競争力「3つ」の根源
- ❶**製品力**：差別化された製品
- ❷**顧客関係力**：固定客の囲い込み
- ❸**運営力**：現場の改善力、低コスト運営

現状＼強化	❶**製品力が強い**	❷**顧客関係力が強い**	❸**運営力が強い**
製品力	①圧倒的な製品力	④クロスセル	⑦よい製品を安く（**ワークマンはここを選択**）
顧客関係力	②顧客に特化した製品を開発	⑤顧客固定化徹底	⑧固定客の強化
運営力	③低価格品でも勝負	⑥顧客サービス強化	⑨現場改革力強化

＊ワークマンは本来の❸運営力（ローコストオペレーションで競合に勝てる）に加え、❶製品力を強化し新業態へ進出
＊3つの競争力は『ナンバーワン企業の法則』より

ーコストオペレーションだけでも市場を席巻できる力があった。

■強化ポイントを探る9パターン

自社が、製品力、顧客関係力、運営力のうち、どの分野に強みがあるかわかったら、次に強化する能力を考える。打つ手は**9パターン**ある。

【製品力が強い会社】

①製品力を強化する……もともと製品力の強い会社がその特性を強化して、お客様自身が探して買うような圧倒的な製品をつくる。そうすれば販促も不要になる

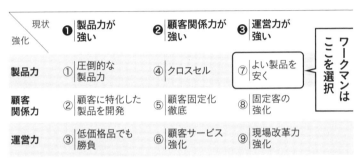

②顧客関係力を強化する……製品力の強い会社がこれまでの顧客のニーズに特化した製品をつくる

③運営力を強化する……製品力の強い会社が運営力を強化し、コストダウンを図る。よい製品でコスト競争力もあれば、シェア拡大を狙える

【顧客関係力が強い会社】

④製品力を強化する……顧客関係力の強い会社が、製品力を強化するとクロスセル（同じお客様に別の製品も売る）が容易になる

⑤顧客関係力を強化する……もともと顧客関係力の強い会社が、予算を投入して顧客関係をさらに強化すれば、お客様の囲い込みが徹底し、離脱が出なくなる

⑥運営力を強化する……顧客関係力の強い会社が、現場の改善によってサービスを強化すれば、お客様の信頼がさらに高まる

【運営力が強い会社】

⑦製品力を強化する……運営力の強い会社がよい製品を安く出せれば、競争力が盤石になる

⑧**顧客関係力を強化する**……運営力の強い会社が顧客関係を強化すれば、固定客の強化が図れる

⑨**運営力を強化する**……もともと運営力の強い会社がさらに現場の改善、ローコスト経営を実施する

ワークマンの場合は、**「運営力の強い会社」**が**「製品力を強化する」**を考えた。

もともと運営力が強かったが、それだけでは将来性がないので、製品開発で価値を生むべきだ。運営力と製品力の双方が強くなれば、負けるリスクは低くなる。

本業以外の余計なことを一切「しない経営」によるローコストオペレーションを盤石にしつつ、他社が5年間は追随できないダントツ製品を開発できれば、知見のない新業態でも勝ち抜ける。

そうした考え方は、ワークマンの企業理念の「機能と価格に新基準」にも一致する。ひと言で言えば、**驚くような高機能製品が驚くような低価格で買える**ことだ。

■ノルマやプレッシャーをかけない

製品力強化のために、ＰＢ製品に力を入れることにした。

当社のマーケティング戦略では、広告宣伝しなくても自然に売れる製品を目指している。それにはダントツ製品が必要だが、いきなりは無理だ。強みの強化には時間がかかる。

大切なのは、社員に**ノルマや期限を設定せず、プレッシャーをかけない**こと。プレッシャーをかけてできるくらいの「強み」は数十年市場で耐えられる「本物」の強みではない。強みは企業風土とも関わり、そう簡単にはできない。時間をかけてじっくり育て上げるべきだ。

重要なのは、**経営トップの本気と社員のやる気**。

圧倒的な製品価値にするため、他部門の人員を徹底的に抑え、製品開発部門だけは人員を**5年間で3倍**に増やし、外部からデザイナーを呼び込んだ。

一方で、強みを抑えていた制約条件を見直す必要もある。

それまで作業服のＰＢはやってこなかった。作業服は10年間の供給保証や継続保証が必要で在庫が増えるため、社内では季節製品のＰＢ作業服が禁止されていた。

通年品と違い、季節製品は次のシーズンに持ち越すと、保管費用が売価の10％になる。在庫に対する警戒心が強すぎ、それがＳＰＡ（製造小売業）の阻害要因になっていた。

だからこそ私はＰＢ作業服をつくることにした。

それには第4章で詳しく触れる**「エクセル経営」**が関係する。

経営判断を勘と経験に頼ってはいけない。丁寧にデータを分析して需要予測の精度を高め、在庫リスクをコントロールする。作業服は流行があまりないので、需要予測が当たりやすくリスクが低い。在庫が残っても10年間の定価販売が可能だ。こうしてPB作業服の開発がスタートした。

これまでPB季節製品については、在庫の翌年への持越しを禁止していたが、本格的なSPAを目指すために撤廃した。PB季節製品在庫は「季節製品販売額の何%以内」という目標値で、個別でなく全体で管理している。

その後は、堰《せき》を切ったように、PB季節製品やチャレンジングなデザインの製品が開発された。

桎梏《しっこく》から解放され、開発者の才能が一気に開花した。

経営幹部が製品開発に口を出さないようにしたこともプラスになった。

作業者のさまざまな要求を満たす機能である耐久性、防寒性、防風性、遮熱性、通気性、吸汗性、透湿性、速乾性、ストレッチ性、耐水性、抗菌性などを盛り込み、タグにも必ずそうした機能を強く打ち出した。

PB製品は徐々に改良され、機能性、デザインと品質が向上していった。

しかし製品はよくなっても、業績は年率3〜4％程度の低成長が続いた。ダントツ製品をつくれば売れると考えていたが甘かった。売り方の工夫が必要だった。

■統計数字から新市場をどう読むか

強みの分析とその強化と同時に、市場の変化を読みながらどの分野に進出するかを考えた。

市場は常に変化する。「自分たちはブルーオーシャンにいる」とのんびりしていたら、いつのまにかその青い海が汚染される。ルールやプレーヤーが一変し、競争相手ではないと思っていた企業にシェアを奪われる。

事業を立ち上げたときは、誰に、どんな価値を提供するかを明確にしていても、お客様や市場環境が変わり、自社製品の価値が落ちていることは多い。

では、作業服を取り巻く環境はどう変化したか。

ワークマンの主要なお客様は、建設現場などで働く建設技能労働者だ。この人たちに高機能で低価格な製品を提供してきた。

ワークマン第1号店は1980年にできた群馬県伊勢崎市の「職人の店 ワークマン」。その後、1988年に100店舗、2002年に500店舗、2017年に800店舗と順調に伸びてきた。だが職人の数は年々減少傾向にあり、作業服市場も伸び率が鈍化している。

作業服のデザインも変わってきた。

かつての作業服は「ドカジャン」に象徴されるように地味で大きめなものが多かった。建設作業者の作業着はグレーや紺色、ベージュなど地味な単色だけだった。大手の建設現場の服装規程で決められ、それ以外の作業着では現場に入れないほど厳しかった。

リーマンショック（2008年）後は建設会社から作業服が支給されるケースが減少して個人買いが主流になった。個人客がメインになると、カッコいい作業服が主役になっていく。かつてはニッカポッカのような太めのものもあったが、工事現場で機械に巻き込まれる危険性もあり、安全基準で禁止されているケースも多い。

さらに団塊世代の引退から人手不足になってくると、ライダースジャケットのようなスタイリッシュな作業服が登場した。

国土交通省の2016（平成28）年度調査では、建設業就業者（平成27年平均）は500万人で、ピーク時（平成9年平均）から約27％減少した。建設現場は恒常的な人手

図10　作業服業界の進化

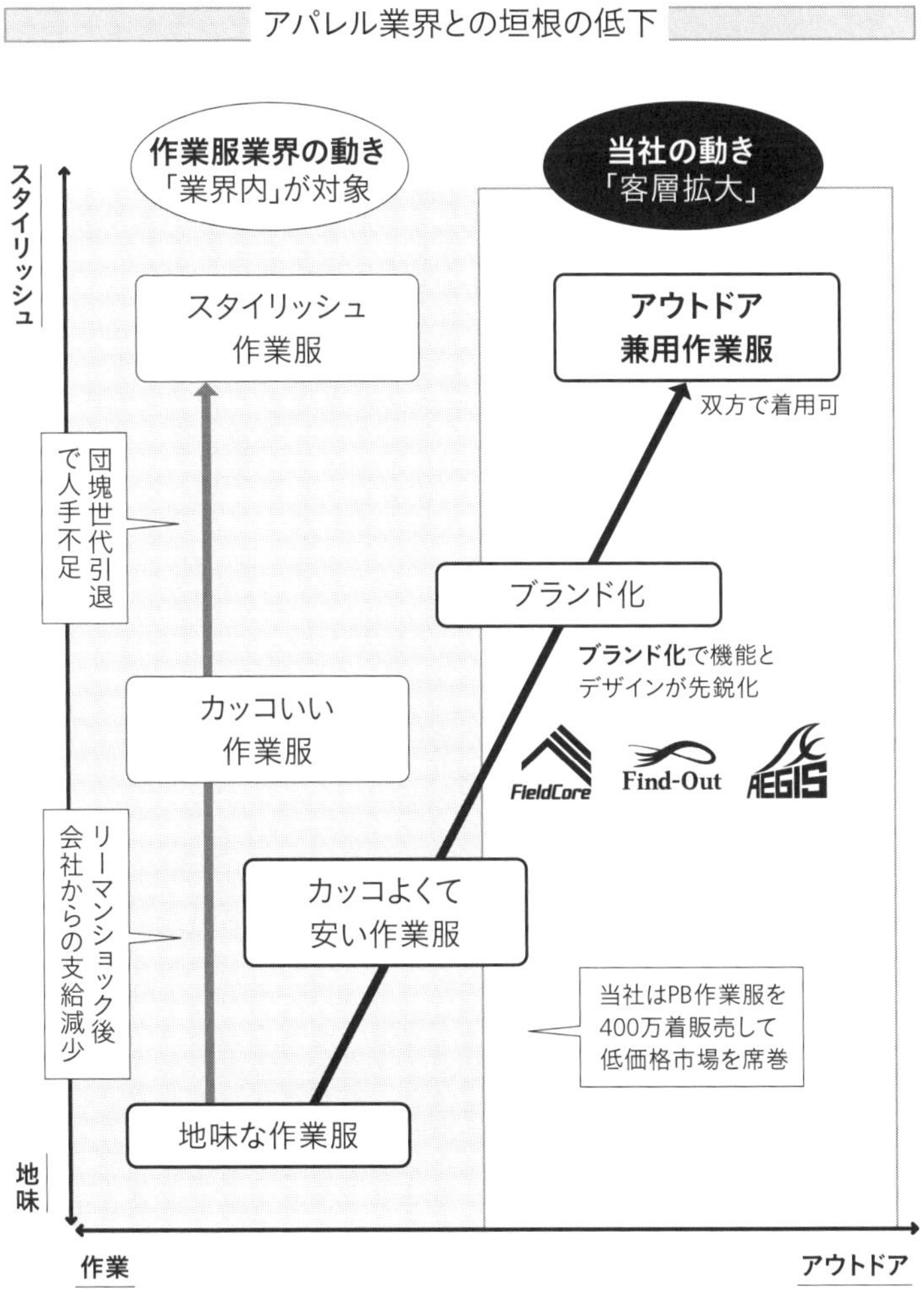
アパレル業界との垣根の低下
作業服業界の動き
「業界内」が対象
当社の動き
「客層拡大」
スタイリッシュ
スタイリッシュ作業服
アウトドア兼用作業服
双方で着用可
団塊世代引退で人手不足
ブランド化
ブランド化で機能とデザインが先鋭化
カッコいい作業服
FieldCore
Find-Out
AEGIS
リーマンショック後会社からの支給減少
カッコよくて安い作業服
当社はPB作業服を400万着販売して低価格市場を席巻
地味な作業服
地味
作業
アウトドア

不足で、若い人を募集するには、スタイリッシュなウェアで仕事ができる魅力的な職場をアピールする必要があった。

カラーバリエーションも増えた。かつて赤は「血をイメージする」ためタブーだった。いまでは大胆に赤を使ったウェアも多数存在する。

作業現場では目立つ色は重要だ。クレーンなどの重機まわりで作業する場合、赤は自分の存在を示す安全な色。雨の日の交通整理では黒いジャケットは目立たないから、黄色や赤がいい。

全体的に一般向けの服と作業服の垣根は低くなってきた。最近は上下色違いの作業服は珍しくない。いま作業服で一番の流行はデニム。上下組で4400円（税込）くらいからよく売れている。デニムの上着だけだとどう見ても「ジージャン」そのもので、作業服には見えない。

一方で、当初は気づいていなかったが、アウトドアウェアと一般向けの服との境界もあまりなくなった。かつてアウトドアは専門性のある限られた人の趣味だった。ウェアや道具は高機能だが価格も高かった。だが、一般の人が誰でもアウトドアをやるようになると、安い製品を好むようになった。街でアウトドアウェアを着る人が増えた。アーバンアウトドアスタイルだ。

図11｜建設業の就労人口推移

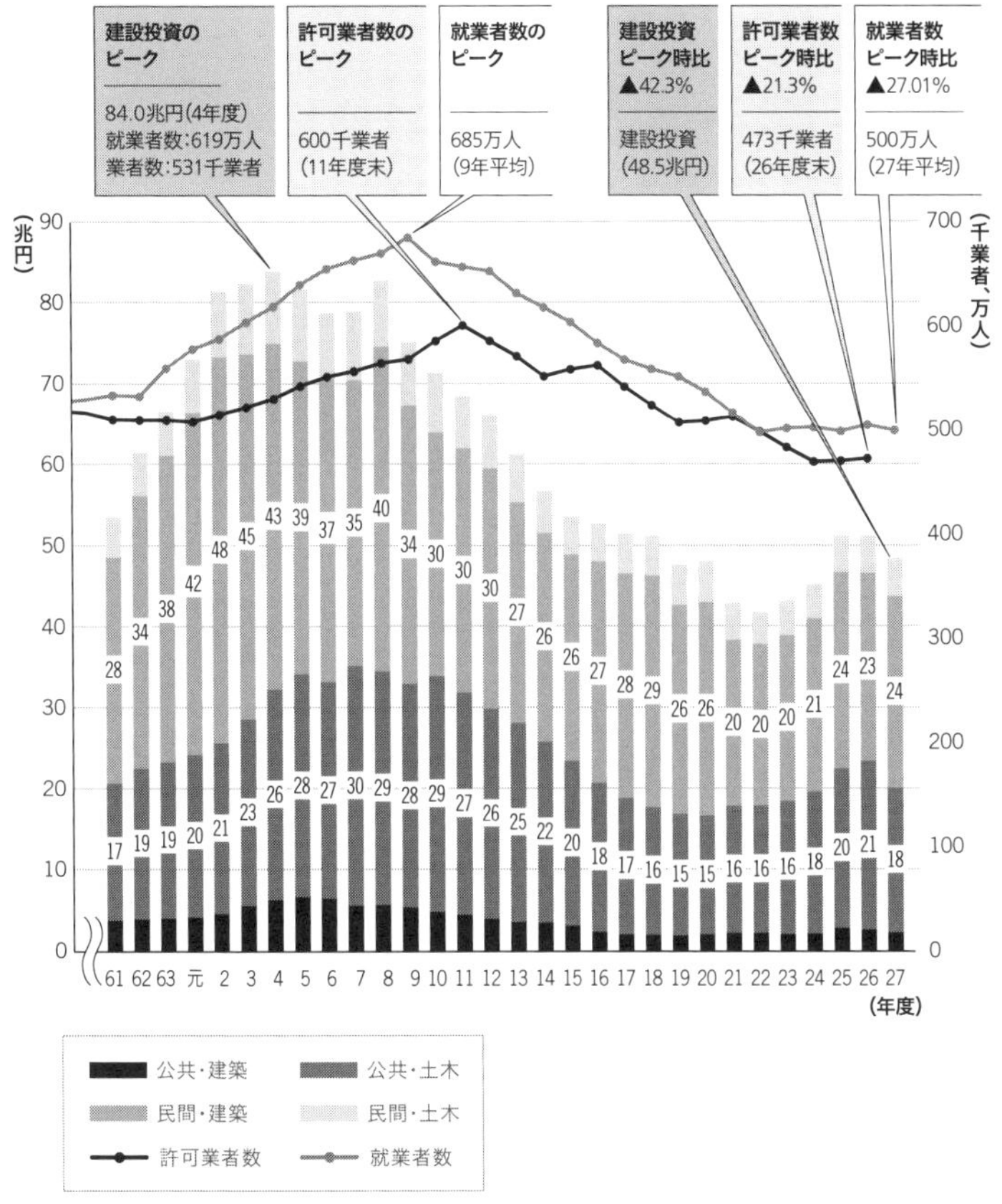

出所:国土交通省「建設投資見通し」・「許可業者数調べ」、総務省「労働力調査」
注1 投資額については平成24年度まで実績、25年度・26年度は見込み、27年度は見通し
注2 許可業者数は各年度末(翌年3月末)の値
注3 就業者数は年平均。平成23年は、被災3県(岩手県・宮城県・福島県)を補完推計した値について平成22年国勢調査結果を基準とする推計人口で遡及推計した値
＊国土交通省サイト(https://www.mlit.go.jp/common/001121700.pdf)より昭和61年度以降を掲載

■既存市場と隣の市場を狙う戦略

新たに進出する市場を考えるとき、知見のない遠い市場に飛び込むと失敗する。「他人の芝生は青く」見えるが、落下傘型の市場開発では地上に降りる前に機銃掃射で全滅する。当初、海外市場への進出も検討したが、当時はＳＰＡでなかったので強みがまったく見えない。その点、近い市場なら競合状態も丸見えで、自社の強みが通用するか判断しやすかった。

作業服市場とアウトドアウェア市場は共通する「機能性ウェア」というカテゴリーを持っていて極めて近いし、作業服のスタイリッシュ化が進んだことで同一市場化が進んでいるように見えた。

あくまでも仮説だったが、作業服業界そのものが構造的にアウトドアウェア業界より優位にあると直感した。作業服業界は同じ製品を長期間販売する。仕事用に消耗品として使うため、価格自体が安い。外で働くため、機能性は高い。

だから、作業服業界の体質をまったく変えずにアウトドアウェア業界に行くと、構造的な強みが出るのではないか。進出先をアウトドアウェア業界と見立て、いろいろな人に話を聞きながら考えた。

■進出市場を分析・選定する方法

そのとき、次ページのような市場戦略マップを手で描いてみた。

私はなんでも図にすることにしている。そうすると、描きながらアイデアが浮かんでくるからだ。

縦軸に「市場」の大小、横軸に「価格」の高低という4象限をつくる。

市場が大きいときは汎用性も大きく、市場が小さいときはある機能に特化した趣味の世界の可能性がある。

高価格ゾーンへの参入は、魅力は大きいが、実際には超激戦区だ。また、長期スパンだと単価が上がっていく。それはノルマが関係している。常に営業利益や粗利益の増加率で評価されるので、それを達成する必要がある。激戦区のため数量は増えないので、単価が上がっていく。

低価格ゾーンは魅力は少ないが、徹底的にやりきると競争相手がいなくなる。それには経営者の強い想いが必要だ。**経営者が「しない経営」を極める覚悟で、余計なことを全部**

図12｜進出市場を選定する市場戦略マップ

市場規模が大きいほど、競争激化（低価格は例外）
自社の強みで**戦略的なポジション**を選択可

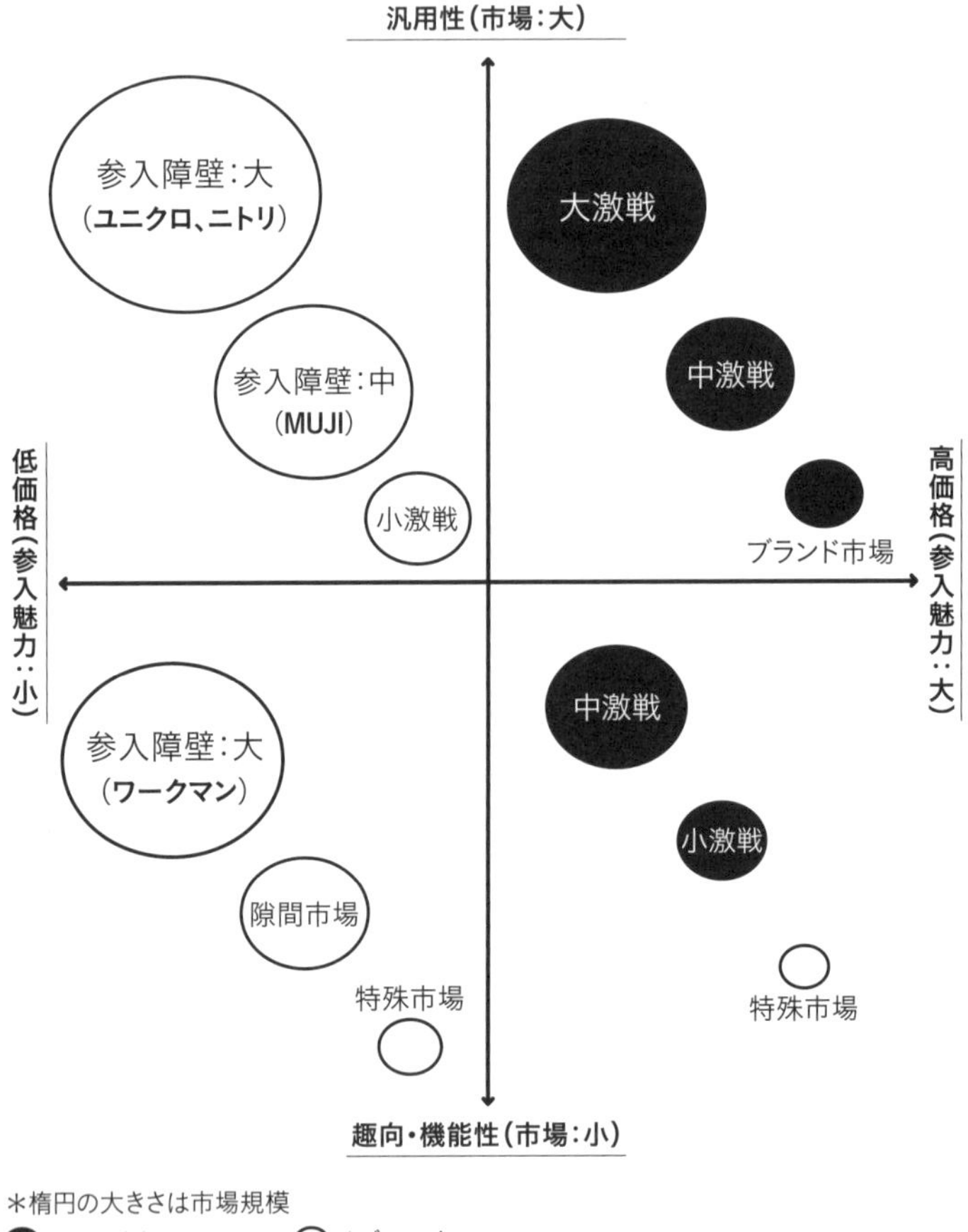

＊楕円の大きさは市場規模
●はレッドオーシャン　○はブルーオーシャン

やめ、低価格のみを追求する。先ほど触れた自社の強み、強化ポイントと合わせて考えながら、４象限のどこに出るかを考える。

こうした戦略マップは何度も描き直した。縦軸、横軸の要素を変えたり、業界を変えたりしながら考え続けた。

さらに参入余地のない市場や業態でも、市場を「細分化」してみると意外な隙間が見つかることがある。市場細分化のキーワードを次ページに示す。

常に隣接業界で何ができるかを考える。あまりにも遠い業界では細分化のヒントすら思いつかないが、隣接業界なら社内の知見を集めればある程度見えてくる。

私はまず「アウトドアウェア市場を狙う」ととらえてみた。

すると、大手ブランドメーカーの寡占状態だった。しかし、アウトドアウェア市場を**「高価格」と「低価格」というキーワードで細分化すると、巨大な空白市場**が見つかったのだ！

（→56ページ図）

当初、「アウトドアウェア市場はブランド力がないと参入できない」といわれていたが、それは細分化を考えなかったためで、**完全に間違い**だったのだ。

図13｜**市場細分化のキーワード**

属性	分類	両端	中間	両端
人	性別	男性	共用（ユニセックス）	女性
	年齢	老	中	若
	健康	不安	将来不安	不安なし
暮らし	拠点	都会	郊外	田舎
	同居家族	3人以上	2人	1人住まい
	住環境	広い	普通	狭い
使い方	用途	仕事用	公私兼用	私用
	気分	ハレの日で高揚	普通	リラックス
	時間	朝	昼	夜
環境	天気	晴	曇	雨
	気候	暑い	快適	寒い
嗜好	価格志向	価格意識低い	場合による	価格で選ぶ
	購買傾向	新しいもの好き	たまにチャレンジ	保守的
	遊び	都会志向	場合による	アウトドア志向
	ブランド	好き	モノによる	意識しない
	色の好み	派手	普通	地味

＊塗り潰し部分が今後有望と考える分野

3 お客様の「異常値」が強みを教えてくれる

■ウェア、シューズ、靴下、エプロンの「異常検知」

既存製品の成長カーブが止まり、新製品を開発することになったとする。

新製品やビジネスモデルのヒントを得るときに有効なのが、**異常値を検知**することだ。

異常といっても事故ではない。

社内にとっての非常識を非常識として片づけず、現場で何が起きているのかを調査してみるのだ。通常のデータとはかけ離れたものを見つけたら、じっくり観察してみる。たとえば製品開発なら、通常は絶対にこないお客様がいないか、通常とはまったく異なる使い方をしていないかを探す。

地域別の戦略を立てるなら、まったく売れない地域や反対によく売れている地域はないかを調査する。一般的に異常値は排除しがちだが、ここにブルーオーシャン市場拡張のヒントがある。

ＰＢ製品に力を入れ始めた話は前述したが、あるとき異常な売れ方をする製品が現れた。

最初は**「防水防寒スーツ」**だった。

２０１６年、建設作業者や交通誘導員などの屋外作業者向けにつくった防水防寒ウェアが突然売れ出した。売切になる店舗が続出しているので現場に見にいくと、購入していたのは**一般のバイクユーザー**だった。

これは、もともと屋外の過酷な環境で働くための作業服だ。防水性・防寒性が高く、同時に汗を逃がす高透湿性も備え、さらに軽量で動きやすい。それが冬場のツーリングに最適と口コミで広がっていった。夜間作業者用に目立つカラーにしたのも、一般ライダーにとっては受け入れやすかったようだ。しかも価格が上下組で６８００円（税込）と安い。一般的にバイク用の防水性を持つ防寒着は数万円はする。

「ファイングリップシューズ」（税込１９００円）も不思議な売れ方をした。

これはもともと厨房で働く人向けに開発した靴で、水まわりでもすべりにくい。この靴がなんと一般の女性に売れていた。これまた異常な事態である。調べてみると「すべりにくいので妊婦に最適」とブログで紹介されていた。

保湿性の高い羊毛「メリノウール」を使用した**「メリノウールショートソックス」**は登山愛好家が買っていた。これは1足580円（税込）もするので社内では「ストライクゾーンから外れているのでは」と懸念する声もあったが、登山用はだいたい2000円程度するので登山家の間で評判になった。

店員用やフラワーショップ向けに開発した**「耐久撥水リップストップエプロン」**（税込1500円）はガーデニング用として一般客に人気となり、レストラン用の焦げにくく汚れにくい**「難燃防汚胸付きエプロン」**（税込1304円）は主婦に受けた。中敷きが厚く履き心地がよいため、介護現場で人気の**「ダブルクッションキャンバスシューズ」**（税込980円）も、タウンユースとして注目されている。

■お客様のほうが知っている

異常を検知してそれを丹念に調べていくと、自社製品につくり手が知らない隠れた用途があることがわかる。

ワークマンの製品の使い方は**お客様のほうが知っていた**。「作業服の進化」については前述したが、作業服と一般の服の垣根が低くなったのは、作業服のデザインがスタイリッシュになった面もあるが、一般のお客様が作業服の機能性を日常生活に求めている面があることに気づいた。

異常値の検知は、第4章の「エクセル経営」のデータ分析でもわかった。販売データを見ると**色の比率**が崩れていたのだ。

防水ウェアの購買傾向を分析すると、これまでは黒色系6割、グレー系2割、緑系1割、赤系1割だった。ところが、ある段階から仕事には向かない派手な色から売れ始めた。店舗にヒアリングすると、一般の自転車通勤者や釣りユーザーが緑や赤を購入していたのだ。

■ブルーオーシャン市場拡大の原点

「異常を検知し調査する」のは、ブルーオーシャン市場拡大の原点だ。

自社製品の使用法を、ターゲットとは考えていなかった一般のお客様に教わった。

私は考えた。果たして私たちがお客様に提供してきたものは作業服なのか。

目の前の製品が「作業服である」という思い込みを捨て、ゼロベースで考えると、私の頭に「高機能ウェア」という言葉が浮かんだ。

お客様はワークマンの製品を高機能だから買ってくれている。「高機能ウェア」と定義し直すと、お客様は作業者だけではなく、アウトドア、スポーツ、ライダーや妊婦さんにまで広がる。高機能服を求めるお客様はいろいろな市場にいるかもしれない。

２０１６年からインフルエンサー向けの製品発表会を開催して、お客様の声を取り入れた製品開発を進めた。これが次のステップとなる「開発段階からアンバサダーを巻き込み、店頭で紹介する」（↓86ページ）ことにつながっていく。

これまで現場の作業者に向けた高機能ＰＢ製品を強化してきたが、その機能に注目した

図14｜**ワークマンPB製品群のブランド化**

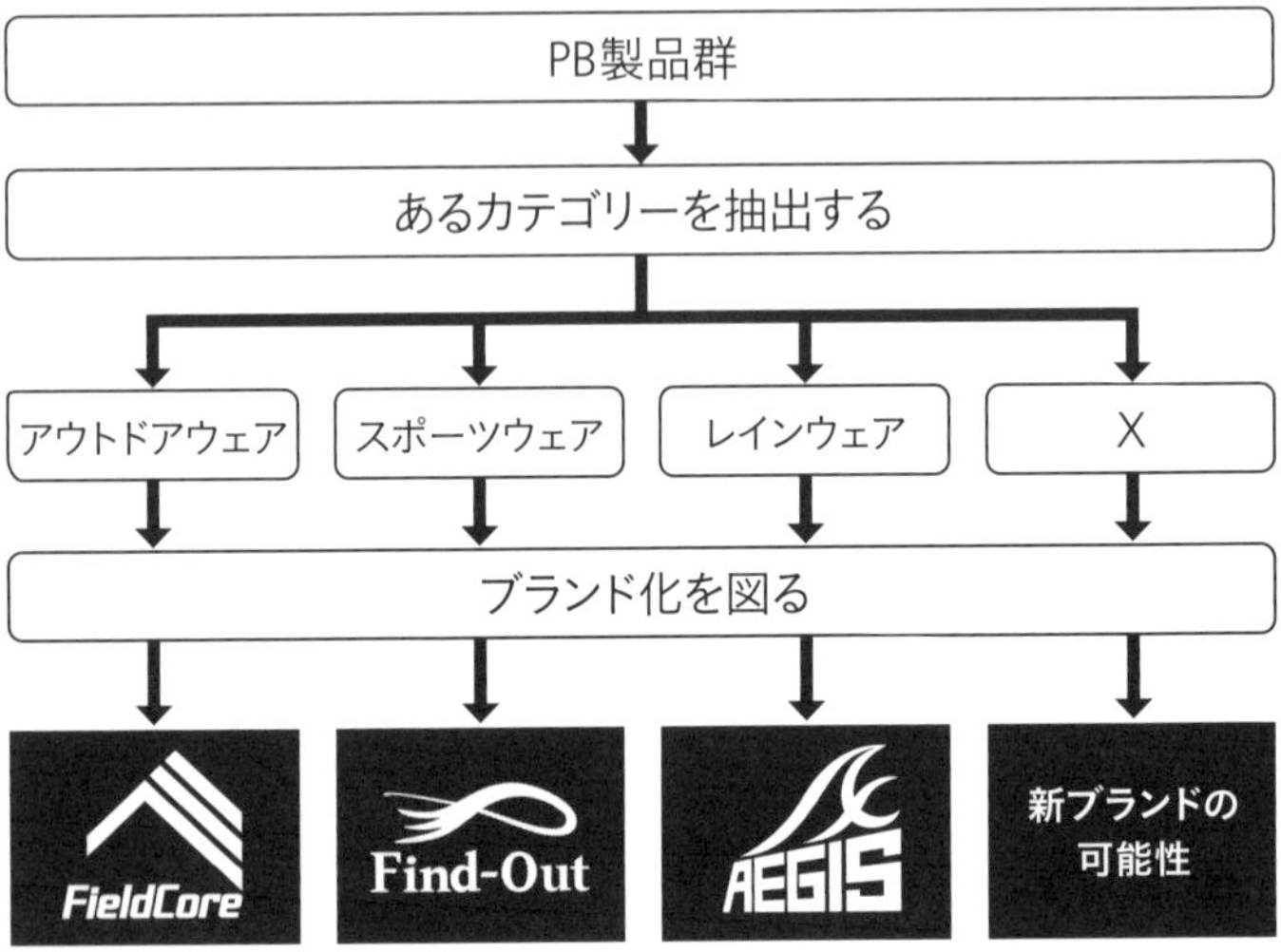

一般のお客様が「アウトドアで使える」「登山に使える」「ツーリングに使える」「妊婦さんでも安全」とブログやＳＮＳなどで紹介してくれた。

この時点でブレークスルーの一歩手前までできていた。

一般のお客様への人気拡大を受け、２０１６年、ＰＢ製品群を用途別にブランド化することにした。アウトドアウェアの「フィールドコア」、スポーツウェアの「ファインドアウト」、レインウェアの「イージス」という３つのＰＢブランドが後追い的にできた。

「フィールドコア」は高機能だが、一般的なアウトドアブランド製品に比べ、価格は３分の１程度。アウトドアだけでなく普段着としても使われている。

「ファインドアウト」は、ジョギングやウォーキング、ジムでのトレーニングなどに使われている。たとえば、「クロスシールド」という体の動きに特化したブルゾンは、胴体部分が中綿で暖かく、腕回りの可動部分はニットでストレッチ性があり、冬のトレーニングに最適だ。

「イージス」は防水性が高く、雨に強いアイテムを揃えている。さらに秋冬アイテムは防寒性もプラスされる。ウィンタースポーツやマリンレジャーの際にも重宝できるようにした。

■「異常」から「あたりまえ」と認識を新たに

後はどう売るかが問題だった。

製品がよくなっているのに売上が数%増にとどまっている原因は、認知不足だ。ライダーや妊婦さんや登山愛好家が発見してくれたワークマン製品のよさを多くの人に伝えていくにはどうしたらいいか。

そのためには意識を変える必要があった。自分たちの高機能製品が一般のお客様に売れ

写真2｜ワークマンプラス第1号店「ららぽーと立川立飛店」

るのは「異常」ではない。**「あたりまえ」**なのだ。そう認識を新たにした。

その「あたりまえ」を広めるために新業態を立ち上げることにした。

ワークマンプラス第1号店の店内は既存のワークマンのイメージと異なり、一般のお客様を意識し、おしゃれなアウトドアショップのようにした。マネキンとスポットライトを多用し、製品陳列を見やすくしたので、ほしいものがすぐ見つけられる。ワークマン自体を知らない人は、作業着をメインに扱っている会社だとは気がつかないだろう。

ショッピングモールへの出店は多大なコストがかかるが、広告塔としての役割を果たすと思い決断した。

その後、ららぽーと富士見（埼玉県）、ららぽーと甲子園（兵庫県）、ららぽーと湘南平塚（神奈川県）、トレッサ横浜（神奈川県）、ららぽーと沼津（静岡県）、テラスモール松戸（千葉県）、ららぽーと和泉（大阪府）、南砂町ショッピングセンタースナモ（東京都）、ララガーデン川口（埼玉県）、ららぽーと愛知東郷（愛知県）の各店をオープンした。

おしゃれな店舗は女性客の伸びにつながった。一般のロードサイド店の女性比率は2〜3割にもかかわらず、ショッピングモール店では約5割にも達した。

年齢的にも若返りができた。かつてのワークマンのお客様の大多数は中高年者であった。ワークマンプラスのショッピングモール店では、40歳以下のお客様比率が休日は4割を超えている。

4 開発段階からアンバサダーを巻き込み、店頭で紹介する

■どうしたら「お客様視点」を得られるか

早めに異常値を検知することで、お客様視点の重要性を改めて認識できた。

「お客様視点」は普遍の原理だ。最終的にお金を払うのは誰か（自社の儲けのベースになるのは誰か）、その人たちがどんなニーズや未充足ニーズを持つかを考える。そこにどんな価値を提供していくかを考え続ける。

やりたいこと、やらなくてはいけないことが先立つと、どうしても自社優先の硬直した目線になってしまう。「これは必要なはず」「買ってくれるはず」という思いばかりだと、机上の空論で大損するリスクがある。

それを回避するには、**自分たちがお客様とする消費者になりきって考える**ことが大切だ。

では、消費者目線はどうしたら得られるのか。

狭く深い製品開発をする際、ユーザーになりきる手法がある。ユーザーがどんな性格で、どこで、なぜ、この製品を購入しているのかを徹底的に考えてみるのだ。

まずはある一消費者になりきり、製品をどのように購入しているのかを調査し、購買行動の全体像と詳細を把握する。

ただ言うのは簡単だが、実際には難しい。消費者の要望や不満、妥協できる点などがわかれば、強い製品づくりにプラスになるが、そこまで想像することはなかなかできない。

そこで参入市場の消費者体験を持つ、あるいは、そうした体験をしている人に実際にインタビューしてみることが大切だ。

■ワークマン好きブロガーを巻き込んだ製品開発

その頃、ありがたいことにブログやYouTubeでワークマン製品のユニークな使い方を紹介してくれる人たちが現れた。そこでその人たちに直接話を聞くことにした。

ワークマン好きブロガー向け「新製品発表会」を年2回開催して積極的に意見を集めた。

そこではきつい意見も出されるが、その声を製品に反映する。そうしていくうちに、ブロガーさんからも「自分の製品ができた」と喜びの声をもらうようになった。

そこでさらに話を進め、「製品開発アンバサダー」（以下、アンバサダー）になってもらった。ただ、**お金は一切払っていない**。ワークマンの各店舗でブロガーさんのポスターを貼り出すとブロガーさんのアクセス数が増える。当社の製品も売れる。互いに金銭の授受なしにウィン・ウィンの関係を築いている。

ジャンルも徐々に広がり、バイク、マラソン、ランニング、登山、アウトドアなど特定分野に詳しく、発信力を持った人と提携し、新製品を開発するようになった。

製品開発の過程でお客様がモニター参加するケースは多いが、当社の本気度はレベルが違う。製品開発の打合せから参加してもらい、新製品企画や継続製品では翌年の改良アイデアをどんどん出してもらっている。

アンバサダーは、その分野のオピニオンリーダー。その分野について次なるトレンドを創り出す影響力を持っている。だからその人の意見を聞くのが一番いい。その分野に詳しくない一般人1000人の意見を聞くより、影響力のあるアンバサダーの言うことをほぼ「丸呑み」して製品に反映したほうが絶対にいい。

■アンバサダー「狩女子」Nozomiさんがヒットした理由

さらに自分の意見が入った製品の使い勝手をブログやYouTubeで発表してもらうしくみをつくった。

ユーザーが開発し、紹介するというしくみである。インフルエンサーマーケティングは多くの場合、コマーシャルだ。製品を芸人などの有名人にSNSで紹介してもらう。効果は大きい反面、一過性でもある。

ワークマンにはアンバサダーがいる。その人たちはアンバサダーという関係になる前から当社製品を自主的に紹介してくれていた当社の「熱いファン」だ。

その人たちを身内にしてもっと製品を紹介してもらう。ただし、アンバサダーとはスポンサー契約を結んでいるわけではない。報酬を受け取って宣伝すると、どうしても製品をほめることに比重がいく。無償なのでアンバサダーは製品の悪口を言ってもいい。苦言が拡散されることもあるが、それも大歓迎だ。

アンバサダーの一人に「狩女子」のNozomi（のぞみ）さんがいる。

写真3｜「狩女子」Nozomiさんとの共同開発

猟師であるNozomiさんの意見で開発した防寒アウターは、狩猟時に携帯する荷物が多いことから、背中にポケットをつけるなど収納性にこだわった。

これは作業時やキャンプでも必要な機能であり、Nozomiさんと共同開発したがゆえに生まれた。別売りのレインウェアを取りつけられるので、雨が降っても問題なく使える仕様だ。それをアンバサダーズ・アイテムとして、Nozomiさんからも紹介してもらう。Nozomiさんがワークマン製品を取り上げると、他のテーマのときよりYouTubeのアクセス数は**約3倍**になる。チャンネル登録されると収入や仕事につながる。

彼女は私が見つけた。ある店舗で「ワークマンの白と黒のカモフラ柄（迷彩柄）ばかりを着ている狩女子がいる」という情報を聞いた。その店舗のパートさんの旦那さんがハンターで、「ワークマンを着ている狩女子がいる」とハンター業界では有名だったらしい。すぐに当社の広報スタッフに茨城県まで会いにいってもらった。

Nozomiさんはもともと東京で営業の仕事をしていたが、現在の本業はヨガのインストラクター。彼女のおばあさんが丹精込めた畑がイノシシの獣害に遭ったのをきっかけに猟師になろうと決めたという。猟師としてのキャリアは浅いが、そこがよかった。ワークマンの一般向け製品はアウトドアの初心者を対象としているからだ。ワークマンのファンであることを確認し、アンバサダーとして製品開発への協力をお願いすると二つ返事で引き受けてくれた。

■アンバサダーとともに成長する姿勢

ワークマンとアンバサダーはウィン・ウィンの関係だ。ワークマンはアンバサダーに製品開発を手伝ってもらい、アンバサダーに当社のネタを一番早く使ってもらう。それで読者やチャンネル登録者数、再生回数、ページビュー数を増やしてもらう。

それがアンバサダーの収入につながればいい。サブスクライバー（投稿の常時閲覧者）が5万人から10万人になれば、収入は2倍になる。

アンバサダーにとってよい効果が出ているかは常にデータで確認している。アンバサダーがワークマン製品をテーマに発信したときと、ワークマン以外のテーマで発信したときとで、アクセス数は前者のほうが倍以上なくてはならない。

現状、一番多い人で**1000％アップ**、**少なくても210％アップ**になっている。

会社が広告するよりも、第三者にお願いしたほうが絶対にいい。

テレビの取材があったときもアンバサダーにお願いする。

嵐の二宮和也《にのみやかずなり》さんがＭＣを務めるバラエティ番組『ニノさん』（日本テレビ系）に、

図15｜アンバサダーによるイベント動画再生回数と増加率

アンバサダーマーケティング

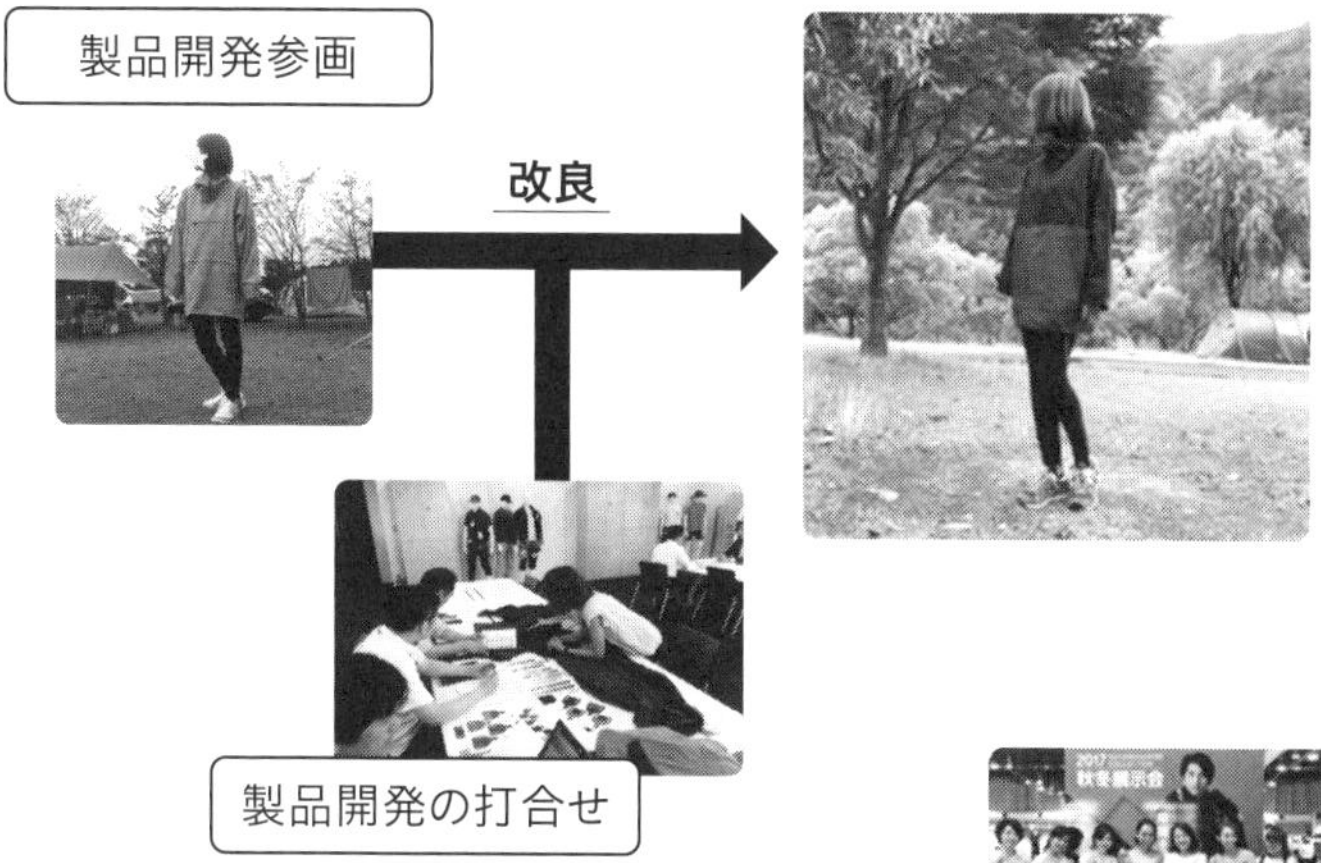

各アンバサダーの当社イベント動画の再生回数
（ウィン・ウィン関係）

	主ジャンル	当社投稿再生（投稿後10日）	通常投稿再生（投稿後10日）	増加率（当社の貢献度）
1	アウトドア	3.0万回	1.4万回	214%
2	ドライブ	4.8万回	0.8万回	600%
3	キャンプ	2.1万回	0.6万回	350%
4	釣り	5.6万回	2.0万回	280%
5	バイク	100万PV*	10万PV*	1000%

*ウェブアクセス数

2020年6月、Nozomiさんが出演した。番組内でも自分のことを猟師として「ぺえぺえ」と言ったり、イノシシの血止めを躊躇したりして、プロっぽくないところに親しみを感じるという声がSNSなどでも多かった。当社のアンバサダーは自然体で素朴な人が多い。そういう人が画面に出てくるとホッとするし、自分にもアウトドアができるかもしれないと感じさせるので、アウトドアの裾野が広がる。

■「アンバサダーが主役」のテレビCM

いま30人くらいのアンバサダーがいるが、全員テレビに出演してほしいと思っている。じつはアンバサダーを主役にした当社のテレビCMを制作した。テレビの効果は絶大なので、これがオンエアされれば、アンバサダーのフォロワーや閲覧者数が増えることは間違いない。2020年10月1日に行われた「ワークマン過酷ファッションショー」でも、アンバサダーとのコラボ新製品を主役にした。アンバサダーがマスコミへ露出すれば、当社製品の自然な告知にもなる。

店舗での製品説明もアンバサダーにしてもらうことにした。各店舗のおもな仕事はレジ打ちと品出しで、他の仕事は本質的な価値を生まない。製品の横にアンバサダーのPOP

（↓90ページ）を貼り、そこにQRコードを表示。アンバサダーのサイトへ飛べるしくみをつくった。

■「製品戦略」6割、「アンバサダーマーケティング戦略」3割、「空間戦略」1割

以上が、ブルーオーシャン市場の拡張（客層拡大）戦略で実際にやったことだ。

全体の**6割が製品戦略**だ。「高機能・低価格製品」という強みを活かし、ダントツ製品を開発するのが大きな基軸となる。2014年からPB製品に本腰を入れた。

しかし、売上は3～4％しか伸びなかった。

よい製品を隠し持っていても気づかれない。ワークマンは作業服の店なので一般客は入りにくいし、そもそも一般客に販売しようという発想自体なかった。

そこに風穴を開けたのが**異常値の検知**である。

よくわからないが売れている製品について、誰が、どのように使っているかを調べた。

それがアンバサダーマーケティングにつながっていく。

自社のポジショニングマップを見直し、ワークマンプラスの出店を決めてからは、店舗の空間戦略（雰囲気、デザイン、レイアウト、見せ方など）が重要になった。**空間戦略が3**

割だ。
現在ではワークマンプラスの成功で空間戦略はほぼ解決し、アンバサダーマーケティング戦略の比率が高くなっている。出店前は空間戦略3割、アンバサダーマーケティング戦略1割と考えていたが、現在は**アンバサダーマーケティング戦略3割、空間戦略1割**と逆転している。

■4つの「しない経営」でブルーオーシャン市場を切り拓け

ブルーオーシャン市場の拡張（客層拡大）戦略を練ることは誰にでもできる。経営者にやる気さえあればできる。実行する場合には、中小企業のような小さな組織ほど機動力があり、実現までに時間がかからない。

このとき重要なのは**「しない経営」で企画をつくる**ことだ。

「目標は少なく」「人をかけない」「お金をかけない」「期限を定めない」の4つの「しない」でスタートし、目標を達成するまでやりきる。

私は新業態の調査をスタートし、3年間はほぼ一人で新業態の仕掛けを考えた。

私の工数は0・2人／月、手伝ってもらった営業スタッフは0・1人／月。使用した経費

図16｜**マーケティング戦略の基本設計**

ブルーオーシャン戦略の全容

製品戦略
60%

ダントツ製品しかつくらない

◆ネットにも絶対に定価で負けない

値札を見ないで購入できる

◆競合が数年追いつけないヒット製品を2年目から本格生産する

アンバサダーマーケティング戦略
30%

ネットの評判だけで売り切る体制

◆ワークマン製品の「濃いファン」であるアンバサダーを“身内化”する

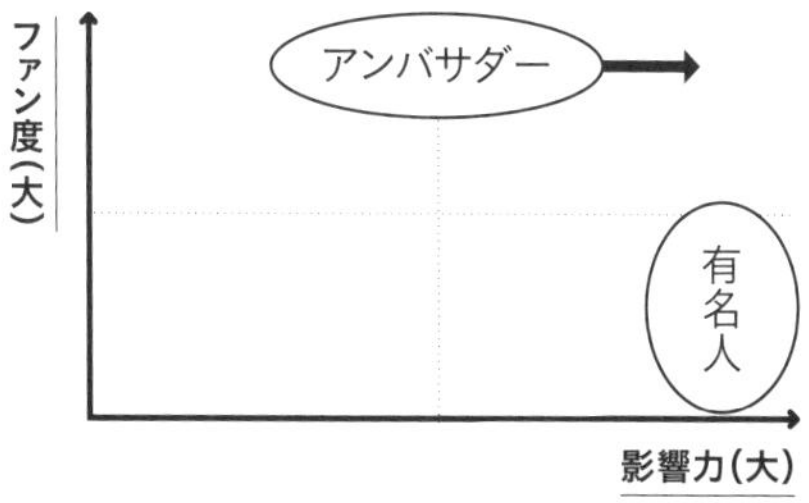

空間戦略
10%

異なるユーザーが自分の店に思える工夫

は50万円の調査費のみである。

このように小さくスタートすれば、どんな会社にもできるだろう。

重要なのは、**人とお金はかけずに、企画と準備に時間をかける**こと。

短時間で実施しようとすると、企画案づくり自体が目的化する。こぢんまりとした事業になりやすい。

具体的な出店段階に入ると人員を3人に増やし、最終段階で4人になった。後で新業態店も標準化するため、店舗運営やデータ活用に強い人を集めた。

5 新型コロナ後のブルーオーシャン市場の読み方

■社会、経済、技術、生活環境のメガトレンドに注目する

ワークマンプラスの店舗はチェーン全店（ワークマンとワークマンプラスの合計）の約25％（2020年9月末現在）になり、まだまだ成長余力はあるが、いずれ全国に行き渡れば、再び飽和感が出るだろう。

市場は変化し続けるから、常に俯瞰《ふかん》して観察を続ける。それが**第3のブルーオーシャン市場拡張**につながる。

一方で、将来予測は難しい。世の中の変化のスピードが速いし、地政、自然災害、予期せぬ新型コロナなどリスクも増えている。そうした中で5年後を予測するのは困難だ。企業の一部には「中期経営計画はつくっても仕方がない」という声もある。

ただし予測が当たるか、当たらないかはさほど重要ではない。

複数の可能性をリストアップし、何に注目すれば将来が明確になるかを考え、社内で共有することで変化に対応する準備ができる。

社会、経済、技術、生活環境などの分野から、自社にとってインパクトを及ぼす可能性があるメガトレンドを特定し、それが将来の顧客や市場に及ぼす影響を先読みし、戦略策定のプロセスに組み込む。

メガトレンドに注目しながら、第4章で触れる「エクセル経営」のデータ活用によって分析することで最適な戦略は浮かび上がってくる。

ここでは気候変動と新型コロナ後の社会で、ワークマンがどのように貢献できるかを考えたい。

■猛暑や豪雨に適応した製品ニーズが高まる理由

気候変動の影響から、年々夏場に高温の日が増えている。この傾向は今後ますます強まっていくだろう。

健康に関する影響として、熱波や熱中症による死亡リスクの増加、熱帯性感染症の増加等が挙げられる。温暖化による気温上昇にともない、屋外で働く作業者の熱中症リスクも増え、安全管理や業務運営に支障をきたす恐れがある。

作業服には冷感シャツがあるが、一般向けにはまだ普及していない。これは生地表面に冷感素材を使用し、着用時にひんやりした感触が得られ、体温上昇を抑えてくれる。さらに、汗をすばやく吸収、拡散させる吸汗速乾機能をプラスし、肌触りを常にサラッとドライに保つ。着ないより着たほうがすずしい。

ワークマンの看板製品である高機能・低価格の冷感シャツが一般向けの肌標準になる可能性は高い。将来は小型扇風機のようなファンタイプと、より小型の熱交換半導体ベースの2種類の「空調服」を一般客が普通に着るようになるだろう。

また、気候変動は雨の降り方を変える。日本でも自然災害につながる1時間当たりの降水量が100ミリ以上の大雨の日が増えている。

ワークマンは災害復旧用製品に強い。災害時には自治体の要請に基づき、復旧作業用品を寄付している。ただし、最近は自店舗が洪水で3軒も流された。床上浸水で製品が全損になった店もあり、被災者側になることも多い。災害の過酷さを日々実感するばかりだ。

このように雨が増加する傾向にあるのは、日本だけでなく東アジアの広い範囲でも共通している。水は気温が高いほど早く蒸発する。そのため気温が上がると、空気中の水蒸気

図17｜**1時間降水量80ミリ以上の年間発生回数**

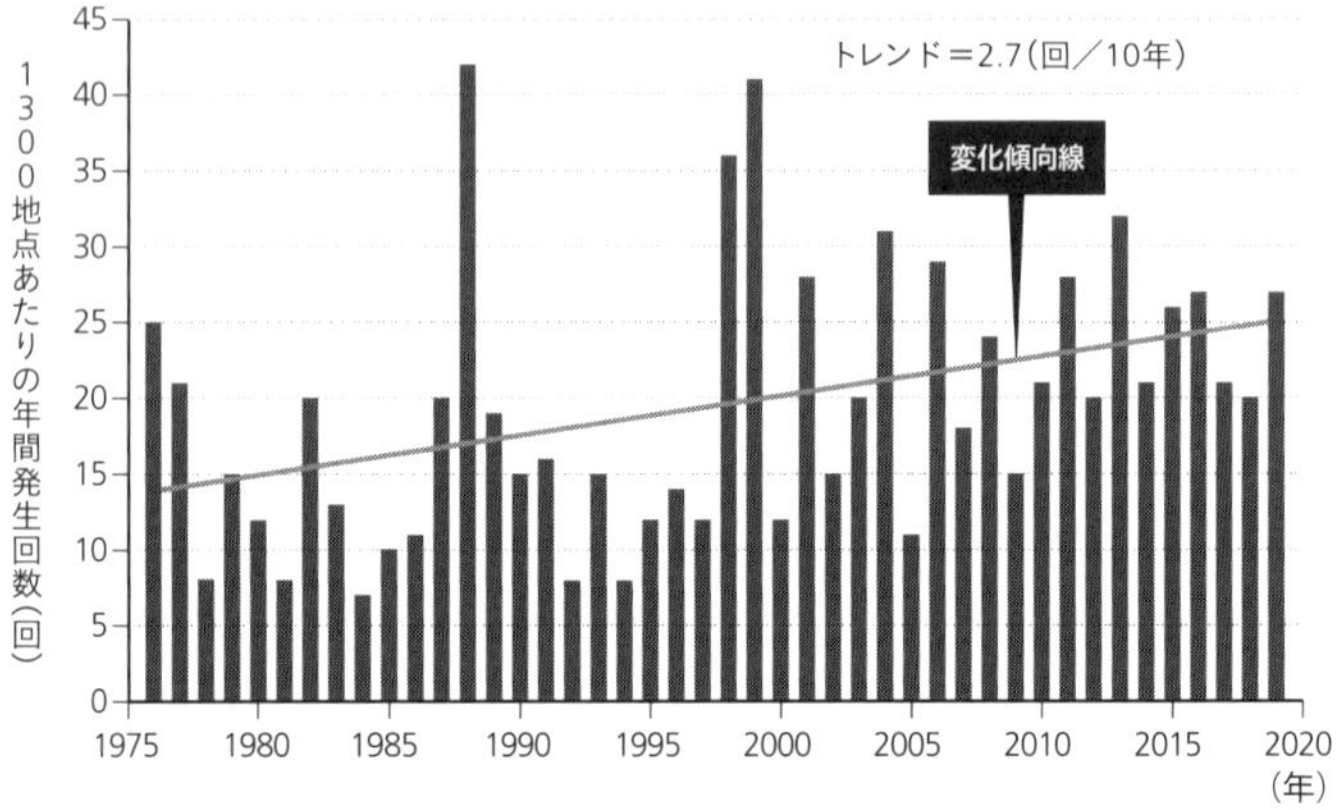

出所：気象庁
https://www.data.jma.go.jp/cpdinfo/extreme/extreme_p.html

量が増え、湿度が高くなる。強い雨が頻繁に降るので、洪水や土砂災害が増える。

そうなると、高機能・低価格の雨具の需要が増える。日本では年間120日程度雨が降るが、これからはその日数が増え、雨の降り方も変わる。そうなると、レインウェア、傘、靴などのニーズが多様化してくる。働き方や遊び方に応じた機能、雨の程度（小雨、中程度の雨、豪雨）に応じた機能も必要になるだろう。

反対に、冬の「重防寒」製品の需要に影響が出る可能性もある。暖冬になれば家電量販店の暖房器具の売上が減少するし、近年は雪不足により通常シーズンの半分程度しか営業できないスキー場が続出している。これにより、ワークマンが得意な冬場の製品の売上が減少する可能性がある。

豪雨の際に、どの地域で、どの製品が動くのか。高温が続いたときはどうかなどをデータで分析し、製品開発や在庫管理に活かしながら、ブルーオーシャン市場の拡張（客層拡大）を狙う。雨の日に必要な製品に特化した**「ワークマンレイン」**という新業態は十分可能性があると思っている。**市場規模も最低1000億円**あり、半分のシェアを取ることも決して夢ではない。

■アフターコロナの世界

新型コロナ後の社会の動きにも注目している。

予防のために常に人との距離が気になり、手指の清潔に気をつけるといった日常もあたりまえになった。

外食や旅行はこれまでのような気楽な活動ではなくなり、少し心理的ハードルが上がる。飲食業や観光業は産業規模としてかなり縮小するかもしれない。一方で家族でキャンプに行ったり、身近な場所でバーベキューをしたりする機会は増えるだろう。

そしてオンラインサービスという新ビジネスが続々と誕生する。学校の授業、病院の診療、企業の商談など、あらゆるコミュニケーションがオンライン化し、多くの職業でテレワークが働き方の基本として浸透する。さらに居住と就業先が地理的に分散するなど、産業と社会の構造も変わる。テレワークの効率性が認識され、第5世代移動通信システム（通称5G）への投資が促進。地方自治体や企業のITインフラの整備が進み、ある程度の生産性向上を実感できるようになる。これによって都市部への人口集中が崩れ、あらゆるものが地方へと分散される。

東京から地方に引っ越したり、2拠点居住したりする人が増える。商圏が狭まり、サンダルで歩いて行けるような最寄り商圏になる。働く人たち、作業する人たちも都市から地方に移っていく。工事も東京集中ではなく、老朽化した地方のインフラの再構築をする。また、林業や農業など第1次産業への揺り戻しも一定程度考えられる。朝のすずしい時間帯は農業、日中は家でリモートワーク、夕方からは外でバーベキューというような暮らしを楽しむ人が増える。

さらに働き方改革やリモートワークの普及で残業がなくなると、収入が5～10%減る。そうすると高機能・低価格というバリュー志向が強まるだろう。

作業、リモートワーク、アウトドアの境目がなくなれば、リラックスでき、機能性の高いウェアで1日すごすようになる。するとスーツやワイシャツのニーズが激減する。ホワイトカラーやブルーカラーという時代があったが、今後は〝**ノーカラーの時代**〟になるかもしれない。

このように時代の変化を予想しながら、次の客層拡大を考えている。

現在、アウトドアウェアは売上4000億円で、4000億円の潜在市場の10%のシェアだが、低価格帯の製品で当社と価格競争できる企業は1社もない。競争がないのでゆっくりシェアを拡大していけばいい。無理に拡大しようとすると、社員に残業を強いたり、社員を増やすことになったりして効率が下がる。15年ほどかけて少しずつ増収増益していくほうが効率的に成長できる。

そもそも競争をしたことがない会社なので、有力な競合が現れたら必ず負ける。そのときは、現在重点を置いているカテゴリーを捨て、別のカテゴリーに軸足を移せばいい。

■「私の考えは50%間違っている」と10人の意見を聞く

私は仕事のアイデアが浮かぶと、まずアドバルーンを上げる。

それを多くの人に言ってみて、たたいてもらいながら修正していく。

まず方向性を示し、それをみんなで議論して変えていく。

私は常に**「私の考えは50％間違っている」**と社員に伝えている。

ワークマンは売場面積に比して製品数が圧倒的に多いので、その中からあるカテゴリーを抽出するだけで新業態ができる可能性がある。

私は還暦直前の中途入社でこの業界をまったく知らない。だから何かやるときは**必ず10人くらいの意見を聞く**。道を誤らないために、みんなの話を聞くといいものが出てくるのだ。

以前は考えたことをすぐ実行していたが、いまは時間を置き、常に相談している。「ワークマンスポーツ」をやりたいが本当にできるか？　衆知を集めて決定していく。いろいろな人に話を聞き、データで検証し、実験しながら進めていくのがスタイルだ。ちなみに、いろいろな意見をヒアリングした結果、「ワークマンスポーツ」は時期尚早ということだった。

第3章

「しない経営」が最強の理由

1 社員のストレスになることはしない

■企業風土の7割を変える

2014年、私は社内に向けて「中期業態変革ビジョン」を発表した。客層拡大を狙って新業態に乗り出し、ブルーオーシャン市場を拡張する。その結果、ワークマンプラスという成果を得た。

だが戦略を描くことと、それに向けて社員が気持ちよく働き、会社が変わるということは別の話だ。ワークマンプラスの成功が、競争戦略面からのみ語られることが多いが、実際にはそうではない。いくら私が戦略マップを精密に描こうとも、全社員の賛同が得られなければ、結果を出すことはできない。しかも私は還暦でやってきた外様中の外様役員。

そんな私が、まず重要だと思ったのは、**企業風土を変えること**である。

図18｜ワークマン式「しない経営」の全体像

社員のストレスになることはしない	・期限 ・ノルマ ・頑張るなど
ワークマンらしくないことはしない	・アパレル業の戦略はマネしない 高粗利益製品の販売 値引販売、顧客管理 毎年新製品を開発など
価値を生まない無駄なことはしない	・社内行事 ・経営幹部の出社など

私がこの8年間で変えた企業風土は7割くらいあるかもしれない。以前、私は「看板と社名以外は全部変える」と社員の前で話したことがあったが、いまでは看板もワークマンプラスになりつつある。

そのための柱は2つあった。

一つは**「エクセル経営」**を実行し、社員全員がエクセルのデータを活用し、経営に参画すること。

もう一つはワークマンの真骨頂である「しない経営」をさらに進化させた**「もっとしない経営」**を浸透させることだ。

1　社員のストレスになることはしない

2　ワークマンらしくないことはしない

3　価値を生まない無駄なことはしない

の3つが基本的な柱となる。

■仕事の期限は設定しない

ワークマンではさまざまな仕事に期限を設定しない。その代わり、やろうと決めたことは時間がかかっても必ず実現させる。

無理な期限を設定すると、締切を守ること自体が目的化し、仕事の質が下がる。期限までにできないとわかると、「達成しないと評価が下がる」「達成しないと恥をかく」など保身やメンツのために、仕事の質を落としてやりとげたことにしてしまうケースが多い。

一方で、期限がなければ、自分で工夫して必ずやりとげる。

まず、上場企業ながら決算発表を延ばした話を紹介しよう。

通常、決算発表は、「決算日から45日以内に行う」というルールがある。近年は決算の早期化という流れもあり、決算発表を延ばすのは異例のことだ。

当社は3月決算なので例年4月末に決算発表を行っていた。そのために経理部員の負担は大きく、残業続きになる。そうすると「働き方改革」の柱の一つである「長時間労働の是正」に反してしまう。同時に監査法人も残業する。短期間で監査を終えようとすると仕事の質が落ちる。高額な報酬を払っている監査法人には、厳格に決算数字や内部統制のチェックをしてもらいたい。

そこで決算発表日を1週間、延ばすことにした。

決算を遅らせたことで投資家から非難を浴び、株価が下がるかもしれない。一刻も早く決算情報がほしいアナリストからは批判されるかもしれない。

だが、トレードオフを覚悟した。決算の早期化はいいことだが、それで経理部員が体調を崩したり、監査法人がきちんと監査できなかったりしたら意味がない。本末転倒だ。

ゴールデンウィーク明けなら決算日から45日以内ルールに反さない。決算早期化という流れの中で勇気のいる決断だったが、経理部はストレスなく仕事ができたし、監査法人も余裕を持って入念にチェックしてくれた。

そして意外にも決算発表を遅らせたことによる株価への影響もまったくなかった。

働き方改革といってもスローガンだけの会社が多いと思う。人を大切にするという意味で「人材」を「人財」と表記する会社もある。気持ちはわかるが、根本的な変革にはつながらない。経営者は美辞麗句だけでなく、痛みをともなう改革で本気を見せるべきだ。

経理部に「決算期も残業しないように頑張れ」というのは経営ではない。

納期を無駄に厳しく設定したことで、コストが上がるケースもある。

たとえば、情報システムをITベンダーに発注するケース。納期間近になると、情報システム部員とITベンダーの開発要員が長時間残業になる。なかには応援として、派遣のシステムエンジニア（SE）を追加で依頼するケースもある。派遣SEは単価が2倍程度するし、突然チームに加わってもすぐに戦力にならないので仕事の質は下がる。

私は三井情報に在籍中、こうした風景を何度も見てきたので、ワークマンでは**情報システムの期限は設定しない**と決めた。

そのほうが品質がよくなるし、安くつくれる。消費税やショッピングバッグ有料化などの制度対応を除けば、社内の情報システムはすでに整備されているので急ぐものはない。障害になるのはCIOのメンツだ。CIOは緊急性のない情報システムの納期を社内で無駄にコミットしないほうがいい。

ただ、私も人の子なので、本音を言えば苦しいこともある。

仕事の期限は定めないといっても、納品日や開店日など、相手と約束している期限は確実にある。

ある店舗の開店予定日に足を運ぶと、誰も人がいない。

責任者に電話をしてみると、「開店準備のために残業が増えてしまいそうなので、開店を1週間、遅らせました」とあっさり言われた。

私は開店延期の知らせを聞いていなかったので、「おいおい、ちょっと待ってくれよ」と腹の中では思った。

しかし、会社は方針として**「忙しかったら納期を遅らせろ」**と言っている。私は感情を抑えながら**「勇気ある決断だった」**とほめた。ごくまれにだが、こんなこともある。

■ノルマや短期目標は設定しない

当社には短期目標はない。長期目標はあるが、前述したように期限はない。

多くの企業では目標と期限をセットで設定する。

私は商社時代に多すぎる目標、過大なノルマがあたりまえの世界にいた。

ノルマや納期のある仕事を多数抱えると、ストレスからミスが増え、結果は間違いなく悪くなる。また、目の前の数字を上げるために、短期間で結果を出そうとすると、どうしても仕事はこぢんまりとしてしまう。

また、「前年比150％アップ」といったありえない目標を与えられると社員がしらけてしまい、目標と向かい合うことさえバカバカしくなる。できないことがあたりまえになるし、できない環境に順応してしまう。目標が達成できずにボーナスが減るとわかれば、事前にボーナスが減ったときに対応するような生活レベルにする。非現実的な目標や期限さえなかったら、普通にできていた仕事を早めにあきらめてしまう。頭のいい人ほど先読みするから、途中であきらめるケースが本当に多い。

短期目標をいくつも掲げるほど会社はダメになる。

社員に過度なプレッシャーをかけても、いいことは一つもないし、社員も絶対に伸びない。

ノルマや納期がないほうが、自分の頭で考え、順序立てて仕事ができる。

それがいい結果につながる。

不思議なことに「いつでもいいですよ」「時間がかかってもいいからやってくださいね」といって仕事を任せたケースで、想定以上に時間がかかったことはほとんどない。

こうしたほうが社内の雰囲気は確実に明るくなる。

経営者にとっても、社員が盛り上がって前向きに仕事をしてもらうほうが断然いいはずだ。

■頑張ってできても意味がない

ノルマや期限があると、無理やり頑張って達成する人が出てくる。

これは大きな問題だ。

特別できる人や異常に頑張った人しかノルマを達成できないような仕事のやり方では、そもそも他の人に引き継げない。仕事のやり方を変えない限り、問題は先送りされるだけだ。

ワークマンでは**「頑張らない」「頑張ってできても意味がない」**と考えている。

全国の経営者に問いたい。

死ぬほど頑張って四半期売上を達成して何の意味があるのだろうか?

小手先で売上が上がっても会社は全然うれしくない。

誰にでもできる仕事に標準化するからこそ、30年、40年と続くダントツ経営ができる。

それにはまず、**絶対に勝てるポジション取り**をすることが重要で、次に**誰がやっても売**

上が伸び続けるしくみが重要となる。

会社は個人の頑張りには頼らない。

だからといってダラダラやっていいかというと、そういうわけではない。

「大きな目標」に向かって社員全体で議論しながら、自発的に仕事をしてもらう。過度に期待しているわけではないが、人は会社の大きな目標が自分の会社でやりたいことと一致すると、思わぬ力が出る。人間は自分のやりたいことには集中できる。厳しいノルマや納期などのストレスがないと、人は自発的に全力で走るものだ。ワークマンの現状はそうなっている。

■社員が自発的に動く唯一の方法

目標は絶対達成するものだ。社員はいつも経営者の本気度を見抜いている。

私が掲げた目標はたった一つ。それが**ブルーオーシャン市場の拡張（客層拡大）**である。

そのために**「しない経営」**と**「エクセル経営」**を進化させる。

「客層拡大」で新業態に進み、「エクセル経営」で新業態を運営する。

現在まで「客層拡大」は2〜3割達成できた。「エクセル経営」はまだ2割くらいで、あと10年くらいかかる。その代わり、達成したときはすごい会社になっているだろう。

目標は増えるほど一つひとつの目標の価値が下がる。

今年5つの目標をつくり、それが達成されなくても翌年は違う5つの目標を掲げる会社がある。そして最初の目標自体、いつのまにか忘れ去られる。これではあまりに目標が軽い。

経営者は、この目標だけは必ずやりとげるという覚悟を具体的に示す必要がある。

ワークマンでは、ブルーオーシャン市場の拡張（客層拡大）が本気であることを示すために、まず先に**賃上げ**を公言した。客層拡大が成功し、将来会社が伸びるから先に社員の給与を上げたのだ。

私は常に性善説で考える。人間は良心的だから、会社が本気なら自分もやろうと考える。

会社が先に賃上げすれば、社員は会社にもっと貢献したいと思うものだ。

社員はノルマで頑張るのではなく、**良心で行動**する。ノルマは達成できないとあきらめるが、**良心で仕事をすれば自発的に継続**する。

だから、何年かかっても本気で達成したいことだけを、**たった一つ、目標にすべき**だ。

社長が目標をギュッと絞り、同じことを3、4年言い続けると会社は変わる。

これは中小企業ほど効果がある。

社長が目標を一つに定め、それを「愚直」に継続すれば確実に会社は変わる。

重要でない目標をつくり、期限を定め、ノルマにしてプレッシャーをかけ続ける方法は断じて間違っている。

貴重な社員に重要でない仕事をさせると、何も達成できず、目標は忘れ去られ、社員の士気はどんどん下がる。

経営者は責任感が強く、あれもこれも取ろうと執着して、結局、何も取れないことが多い。経営者の打ち出す方針や新規事業は失敗するほうが多く、多産多死になっている。それよりハードルを下げ、目標を絞り込む**「少産少死」の道**を選ぶべきだ。

2 ワークマンらしくないことはしない

■アパレル業の戦略はマネしない

メディアのアパレル業界ランキングに、ワークマンが入っていることがある。それを見た人はワークマンを「アパレル業の会社」だと思うかもしれない。

たしかに、作業服とアパレルの垣根は低くなっているが、ワークマンはアパレル業ではない。アパレル業と同じ戦略は取らないと社内では確認している。

各メディアでワークマンのライバルはユニクロ、GUと報道されることがあるが、私は**まったく別の土俵で戦っている**と思っている。

王者ユニクロは一般客向けの大きな市場をベーシックな製品で獲得している。

一方、ワークマンは高機能で低価格なウェアという小さな市場を狙っている。

ユニクロにとってはワークマンのいる市場は小さくて魅力を感じないだろう。

反対にワークマンがユニクロのいる市場に進出するかといえば、100%負けるので行かない。まったく違う土俵にいるので競争はしていない。むしろ、ユニクロの隣に出店すると相乗効果が出ている。

アウトドアウェアやアパレルとの垣根が低くなったのは事実だが、この業界のやり方に染まると、同じ次元での競合になり、その業界では競争「劣位」になり弱くなる。新業態に参入しても、作業服業界のDNAは絶対に貫かなければ勝負にならない。

私たちの原点は作業服の製造・販売業だ。作業服は消耗品であって嗜好品ではない。消耗品である以上、低価格でなくてはならない。作業服は消耗品だから高くてはいけない。アパレルの粗利益は70~80%だが、当社は**35%**。それでもチェーン全体（ワークマンとワークマンプラス）売上に対する**経常利益率は17%程度**ある。

製品単価は決して上げない。

反対にアパレルは高価格製品にシフトしている。

一品単価を上げ、売値を1・5倍にしたら固定費は変わらないから、儲けはもっと大きくなる。

一見おいしい商売で、正直誘惑されそうになるが、**絶対にそれはしない**と決めている。

単価を上げると、お客様が離れていってしまうからだ。

景気が悪くなり、可処分所得が低くなれば、お客様は見栄の消費はしなくなる。

また、もともとの価格が高いと、早めに値引をして売り切らなければならなくなる。

それでは「価格への信頼感」がなくなり、お客様はバーゲンでしか買わなくなる。製品の販売期間が短くなって、売れ残りにつながるといった悪循環に陥る。

客単価を上げないことでワークマンのリピート率は年々高くなっている。**値札を見ずに買うお客様との関係こそが大切**である。

アパレルとの違いは店舗運営面にもある。

アパレルの多くは直営店で販売されている。ユニクロは9割超が直営店だ。

一方、ワークマンは加盟店が95・2%だ。長期的に加盟店を継続してもらうため、しくみとして合理化している（これについては133ページで触れる）。

■デザインは変えない

アパレルは毎年新製品を出して売り切らなくてはいけないが、ワークマンは新製品を原則5年間売り続ける。

毎年新柄を出す製品もあるが、原料である生地の柄が変わるだけでデザインや製造方法は変わらない。季節製品が少し残っても、翌年定価で売れるようにしている。

アパレルは毎年の流行を追うが、作業服は継続性を重視。通常、10年間は供給を続ける。新製品は原則5年間、継続販売するので、売上の半数を占めるPB製品を開発するときは5年間の生産体制を組んでいる。

当社のPB製品の生産方式には原則がある。1年目は少なめにつくる。かなり少ないのでお客様が朝7時に並ぶとか、メルカリで転売して3倍の値段がつくなどの現象が起きている。

2年目は需要予測を行い、データを集めて商品部長が生産数を決定する。

現在のところ、プラスマイナス15％くらいの精度だ。**PB製品は余らせない**のが一番のポイントだ。2年目もどちらかというと少なめにつくり、需要予測が100としたら、95くらいでつくる。

毎年デザインを変えることも、新製品ばかりになることもない。一つのPB製品を5年間継続させる中で、色や柄のバリエーションを変化させることはある。

たとえば、グレーとブルーのアウターにピンクやグリーンを加えたり、カモフラ柄を加えたりする。ファスナーなどの色変更や機能強化といった微調整をすることもある。

図19 ｜ **ワークマンの絶対的優位性**

作業服は継続性重視 vs アパレルは流行を追う

ワークマンは作業服業界のやり方を絶対に変えない

防水デニム

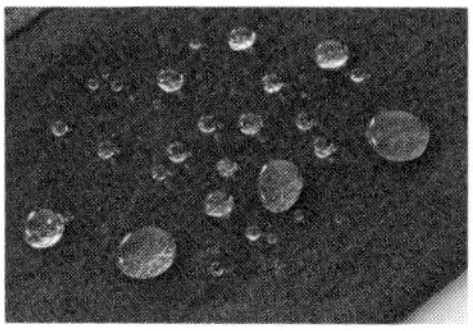

低価格	**粗利益率 35%でも高収益**
継続製品	**PB製品は5年間継続販売** 値引販売率2％以下 色 / 柄のみ毎年変化
共通製品	**作業服プロ客／一般客共通製品が多い** どちらかで売り切れる、万一残っても翌年定価販売可 ユニセックス戦略で女性にもリーチ

当社のPB製品の生産方式

◉1年目は少なめにつくって様子を見て、
2年目以降は毎年製品を改良して
±15％精度の需要予測で生産
◉競争先が数年追いつけないダントツ製品の開発が前提

　でも、製造用の図面であるパターンや素材は変えない。カラーバリエーションは増やしても、4～5種類まで。大手アパレルのように20色などは絶対にやらない。色数を増やすと在庫が残ってしまう。お客様にも迷いが出て、買いにくくなる。

　ワークマンは自社スタイルを一切変えずに、戦略的にブルーオーシャン市場を拡張した。

　たとえて言えば、これまで漁師、船員、港で働く人たちを相手に高機能な製品をつくっていたが、一般の釣り人やサーファーにもその製品は売れた。ただし、**強み以外には触手を伸ばさない**。海にきている女性にファッション性の高いビーチウェアを売ろうなどとは考えない。用途を絞ったうえで高機能・低価格は必ず守る。

■顧客管理はしない

ワークマンは**One to Oneマーケティング（顧客管理）はしない**。マスマーケティングが基本だ。要するに「名前のないお客様に売れたら十分」と考えている。

お客様を名前で管理しようとすると費用がかかる。誰が買ったかを把握するために、小売業がよく使うのが会員向けポイントカードだ。個人情報や性別、年齢などの属性情報を登録し、一人ひとりにＩＤをつけて購買行動を細かく管理する。だが、会員カードはコストがかかるし、個人情報管理の負担が大きい。たとえばポイントカードをつくって１％還元するしくみをつくると、粗利益率が35％しかないのに、さらに薄利になる。氏名などの個人情報を取得すると、漏洩リスクにも備えなくてはならない。

この部分を補完するのが、「エクセル経営」によるデータ活用だ。

顧客一人ひとりを管理しなくても、店舗面積やレイアウト、製品の品揃え、売価の標準化を進めているので、ワークマンとワークマンプラス８８５店舗のうち約30店舗で各

100人程度のお客様を対象に**5項目だけの簡単なアンケート調査**をすると、的確なデータが取れる。5項目とは、①性別、②年齢、③職業（プロ客、一般客）、④年間来店回数、⑤用途（自分用、家族用）。

店舗の大きさが同じで、値引販売をしないのでデータにゴミが少ない。

もし値引販売してしまうと、製品力で売れたのか、値引したから売れたのかわからなくなり、データの精度が下がってしまう。

データこそ最重要の経営資産だと思っているので、データの価値を下げることは一切しない。

「しない経営」と後述する「エクセル経営」はワークマンの両輪なのである。

そもそもワークマンにおけるマーケティングの役割は、**「競争しないで勝つしくみ」**をつくること。競争になったら負けるか泥試合しかない。勝っても泥試合ではおいしくない。

最高のマーケティングは、**自然に売れる製品だけをつくる**こと。いい製品をつくれば、顧客管理をしなくても売れる。

反対に、社会の役に立たない製品をマーケティング技術で売るのは**反則**だと思う。

世の中の役に立たないものを売るのは人の仕事としておかしい。

ワークマンはかつて小売店だったが、いまはメーカーだ。

社内では「商品」という言葉は使わず**「製品」**を使う。商品は仕入れて売るものであり、**製品は自分たちでつくる**ものだ。

かつては低コストのオペレーションで利益を出したが、いまは製品で利益を出す会社になっている。

そういう点からも、顧客管理など小手先のことはしない。世間を驚かせるようなダントツ製品をつくり、マスマーケティングで売り抜けばいい。

■「善意型」サプライチェーンで取引先を変えない

ワークマンには取引先を変えないという企業風土がある。

取引している国内ベンダー（製造元）は約１５０社で、うち31社の主力ベンダーとは長いおつき合いだ。

この31社とはオンラインでつながっている。**ベンダーは当社の個別店舗を含むすべての販売データと在庫データを見ることができる**。

当社の流通センターの在庫と出荷量もわかる。ベンダー担当者は当社の需要予測システムの予測値を参考に最終納品数を決め、自主的に納品する。

当社はそれを全量買い取っている。これを**「善意型」サプライチェーン**と呼んでいる。

この話をすると、

「ちょっと変わったしくみですね」

「そんなことをして大丈夫なんですか！」

と驚かれる。

従来のサプライチェーンは中心にいる会社に都合よくできている。

中心にいる会社はほしいときに、ほしい分だけ、ほしい部品や部材が手に入る。

だが、部品を納める協力会社の苦労を考えたことはあるだろうか。

ずっと買ってもらえる代わりに、機会損失を補償しなければならない場合もある。

自動車の場合、部品供給業者は自動車メーカーの工場近くに倉庫を建て、そこに自分で部品を保管する。そして自動車メーカーが必要な部品を1日数回程度に分けて製造ラインまで届ける。

自動車メーカーのラインに届いた時点で所有権が移転され、それまでは部品供給業者のもの。欠品すれば機会損失となり、自動車が製造できず、販売できなかった分の利益を補償しなければならない。

かつてデル（Dell）は東芝のハードディスクを必要なときに毎日仕入れていた。アメリカのテキサス州にあるオースティン工場の横に東芝が巨大な倉庫をつくり、大量の在庫を抱えていた。デルにとっては都合がいいが、東芝にとっては苦しい。このコストをお客様に価格転嫁するから、サプライチェーン全体では効率が悪い。

以前、夏場にコンビニエンスストアでおでんが大量に売れてしまい、具材が提供できなくなったため、数億円の機会損失補償を払った会社の話を聞いたことがある。

本部の注文に迅速に対応するために、業者は在庫を抱えていなければならない。食品などの場合は大量廃棄しなくてはならないこともある。

従来のサプライチェーンは、中心にいる会社には都合がいいが、原料、部材を供給する会社にはつらい構造になっている。

私はこのしくみを**「ムチ」のサプライチェーン**と呼んでいる。

この方式では必然的に在庫と廃棄が増え、その分、価格に反映され、最終消費者が支払わされる。

私は常々、もっと合理的なサプライチェーンを構築したいと思ってきた。

私は商社時代（２０００年頃）に2年間、アメリカのサプライチェーン協会の日本支部の会長をしていたことがある。そのときから考えていたアイデアがある。

それが**「善意型」サプライチェーン**なのだ。

サプライチェーンは上流に多くの情報が集まる。

ワークマンで考えると、加盟店より本部が多くの情報を握っている。加盟店には自分の店の情報しかないが、本部には全国加盟店の情報がある。

さらに本部より供給メーカーは多くの情報を持っている。供給メーカーはワークマン以外の企業にも製品を提供しているからだ。

情報優位者が製品の提供数を決め、提供された側はその「全量」を買い取るのが「善意型」サプライチェーンだ。

それが本項冒頭で触れた「ちょっと変わった」しくみで、ベンダーが判断して納品したものを**無条件**で買い取る方法。

主力ベンダーは、その道20年、30年のベテランが在籍して舵《かじ》取りしているうえに、ワークマン以外の店舗も見ている。そこにワークマン本部から惜しみなく情報を提供する。個店売上、地域売上、個店在庫、物流センターの出荷量と在庫情報をすべて提供し、ベンダー側で出荷数量を自主的に決め、自主納品するようにした。

納品された製品はワークマンが全品買い取る。

図20｜「善意型」サプライチェーンのしくみ

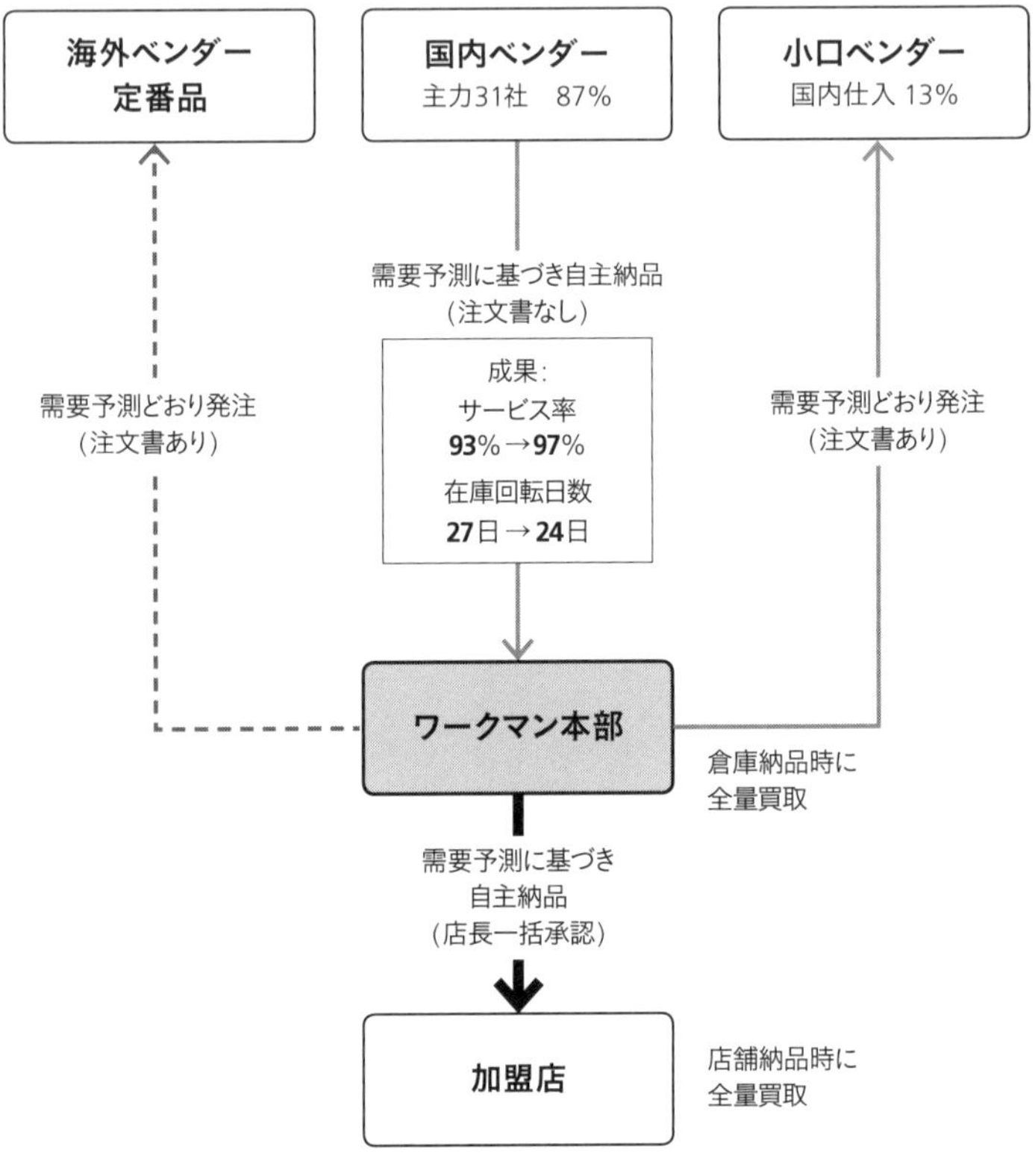

	需要予測	予測期間	予測精度
→ (太実線)	簡易型(非統計手法)	中1日	高
→ (細実線)	アルゴリズム自動選択	5~10日	中
- - -> (破線)	アルゴリズム自動選択	5~9か月	低

その結果、サービス率（需要に対し製品を供給できた割合）が**93%から97%**に上昇。在庫回転日数は**27日から24日**に短縮。ワークマンでは発注業務がなくなった。

■全工程に「善意」が流れる信頼関係のしくみ

同じことを加盟店ともやっている。加盟店は独立経営だから、ワークマン本部が勝手に製品を入れることはない。

そこで店舗から本部へ発注する端末の画面に**「一括発注ボタン」**を設置。何を買うかはワークマン本部が決定するが、最終決定は各店舗の経営者が独自に行う。ただ、多くの加盟店は忙しいので、「一括発注ボタン」を押している。

情報優位者が「善意」で決定する。各メーカーは**ワークマンの代わりに決断**する。ワークマン本部は**加盟店の代わりに決断**する。それを**加盟店は「一括発注ボタン」を押して全量**受け入れる。ワークマンは**メーカーが決めた納品量を無条件で全量**受け入れる。

このしくみには「善意」が流れているから、相手のために決断するときは相当悩む。過剰在庫や欠品を起こせば心が痛む。それがサプライチェーンを**適正にするエネルギー**になる。

さらにここには「営業担当者」という**人の存在**がある。

営業は基本的にお客様側につくものだ。各メーカーの営業担当者はワークマンの立場で考えてくれる。ワークマンのスーパーバイザー（SV）は加盟店の立場で考える。

こうした良好な関係が「善意型」サプライチェーンの潤滑油となる。

また、ワークマンには善意になれるしくみもある。当社のSVが加盟店に誤って多めに在庫を持つことをすすめても、値引になるときは**本部がロスの6割を負担**するからだ。大手コンビニ本部と比べると大きな負担率だと思う。

今後は海外メーカーとの取引にも「善意型」サプライチェーンを導入していく。

中国など海外メーカーはドライといわれるが、そんなことはない。

中国に出張したとき、ワークマン向けの製品を工場の2階に確保しているのを見つけたことがあった。

「けしからん。横流ししているじゃないか」と思ったら、そうではなくワークマンのために1か月分つくりおきしてくれていた。善意でバッファを持ってくれていたのだ。

当社は長期間、取引先を変えない。海外メーカーとも10年以上おつき合いしている。

毎年、価格入札するが、結果として変わっていない。はじめから強いメーカーを選定しているからだ。

その間に**信頼関係と相手を思う気持ち**が生まれてくる。だから、各メーカーを信頼して納品を任せることができる。小さな価格差で、メーカーを変えてはいけない。大きな直接的なスイッチングコストと信頼関係ができるまでの時間のロスが発生するからだ。

■加盟店は「対面販売しない」「閉店後にレジを締めない」「ノルマもない」

ワークマンの加盟店契約の更新率は**99%**で、長期的な関係になっている。

その秘密も「しない経営」にある。

一般的なフランチャイズの場合、大手コンビニに代表されるように、本部からは細かい指示があって仕事量は多い。取り扱うサービスも多く、運営はとても複雑だ。加盟店のオーナーは労多く益なしで、働けど働けどお金が貯まらないケースも散見される。

だが、ワークマンはそれとは**まったく逆**だ。

時代に合った働き方を推奨し、しっかり売上を上げれば、それに完全比例して手取りが増える。だから加盟店契約の更新率が異常に高い。子どもか親族への経営継承比率も高く、「家業」になっている。

加盟店は、**「対面販売しない」「閉店後にレジを締めない」「ノルマもない」**。

本業と関係ない仕事がないからだ。

前述したように、お客様はワークマン製品を「高機能で低価格」と信じてくれているので、来店してから「さっ」と製品を取ると、値札も見ないでレジに向かうことが多い。

一般向けのアウトドアウェアは、タグでわかりやすく製品について解説しているので店員に聞かなくていい。もっと知りたいお客様は、店内に置かれたアンバサダーのPOPのQRコードからアンバサダーのインスタグラム、ブログ、YouTubeなどで情報が得られる。

閉店後のレジ精算はしない。閉店後はレジの引き出しをそのまま金庫に保管したら、たった5分で帰れる。レジ精算は当日午後2時にやっておく。閉店後にレジ精算をして売上を正確に把握するより、**加盟店で働く人が少しでも早く帰宅できることを重視**している。

多くの店舗では、夫婦で時間を分担し、1日6、7時間ずつ働く。

加盟店とは長期的なおつき合いになる。みなさん72歳の定年まで続け、子どもたちに引き継ぐ。いまや親子2代はあたりまえだ。

長期のおつき合いになるからこそ、加盟店希望者の面接は何回も行う。

あまり問題のある人ではSVの負担が大きくなる。希望者は、最近は若い人が多いが、かつては早期退職者が多かった。50歳くらいで退職金を割増で受け取り、ワークマンを経営する。その後、定年まで働き、子どもに引き継ぐ。

数年前まで1店舗当たりの平均売上は**年間1億円**で、1日当たりの客数は1000人だった。コンビニがだいたい1日当たり1000人なのでレジ対応は10分の1程度、1時間に7、8人分のレジ打ちということになる。品出しなど他の仕事をしながら、お客様に「レジお願いします」と言われたときにレジに入ることもある。比較的ゆとりのある経営で、売上1億円、年収も1000万円近い。都会を離れたのどかな店舗も多く、経営環境は快適だ。

現在はお客様が2年前と比較して50%増えて仕事は忙しくなったが、その分大きな売上が見込める。若手店長が増えているのはそのためだ。

3 価値を生まない無駄なことはしない

■余計なことはしないほうがいい

経営者や幹部のつくる無駄な仕事が、社員が本当にやるべき仕事を妨《さまた》げている。

私は商社の社内ベンチャーで9年間も勝手放題をやり、44歳のときに本社経営企画室次長に就任した。

社長を直接補佐する旗本のような仕事だった。社内ベンチャーで日々ゲリラ戦をしていたので、大企業の「奥の院」的な仕事は向いていなかったが、とても勉強になった。

謹厳そのもので絶対に「笑わない」、カミソリのような切れ味の社長と会うときは、特に緊張した。

逆に、能力は抜群だが「しゃべりすぎて」社長になれなかった経営企画担当の専務もいた。同類と思われたせいか、私が「話を聞く」担当を押しつけられた。

多くの優秀な人材が多方面から検討した「厚みのある」意思決定を間近に体験できた。特に大組織を動かすしくみと知恵は参考になった。

だが、「果たしていまの時代に合っているのか」と思うこともあった。本業と関係ない仕事が多かったからだ。

当時の商社のコーポレート部門や管理部門には人があふれかえっていた。

大手商社の本部にはその分野で突出した専門家が多く勉強になったが、無駄な仕事もたくさんあった。膨大な稟議書や資料作成、10以上の部署への事前根回しと社内接待もあった。

独創性があり素晴らしい社員もいたが、出世するのは社内で顔が広く、根回し上手な社員だった。

経営会議前日には、出席役員全員に対して議題説明のブリーフィングをしに行く。さまざまな議題に対して経営企画室が結論の方向性を示した議案資料をA3用紙1枚にまとめ、社長や役員に事前説明を行う。

あらゆる経営課題に対して経営企画室としての答えを出すのは大変だった。経営企画室内で激論を重ねた。

その一方で、「こんなことやらないで本番の会議で一斉に議論したらいいじゃないか」と思った。

大企業は社員が多く、さまざまな部署に分かれている。一人ひとりが判断できる範囲が狭いので、一つのことを決めるときも、たくさんの人に意見を聞きながらまとめる。多くの人の意見を取りまとめるために会議が増える。だが、対外的には価値を生まない内向きの仕事だ。

この経験は自分の仕事観を大きく変えた。

その後、自分が関わった組織では、なるべく**余計なことをしない**ことにした。

ここでは、ワークマンで「しない」と決めたことを紹介したいと思う。

■社内行事はしない

社内行事は大きな組織で一体感を出す目的で行われる。

だが、当社は社員数が330人ほどで、社員同士はよく知っているし、コミュニケーションの密度も深い。そこで社内行事は一切やめた。

社内行事の準備から解放された社員は「他の仕事ができるようになってよかった」と言

っている。

ランチ会や飲み会は、社員が自主的に行うことはあっても、会社として行うことはない。上司が飲み会に誘って、そこで仕事の話をしたらストレスになるだけだ。

昼間の仕事で互いに話しているのに、夜まで同じメンバーで話す意味はない。夜にならないと本音を言わない人、酒を飲まないと言いたいことが言えない人は、根本的に仕事に向いていない。

立命館アジア太平洋大学の出口治明《でぐちはるあき》学長によれば、日本人は年間２０００時間近く働いているのに平成の30年間でＧＤＰ（国内総生産）成長率はたったの１％程度。対するフィンランド人は16時、17時に仕事をやめて帰宅する人が多いのに、一人当たりＧＤＰは日本の約１・25倍もあるという。

仕事が終わったら家族や社外の友達などとリラックスして時間を使うべきだ。

ワークマンでは社内だけでなく外部との飲み会もしない。年始の賀詞交換会もやめた。賀詞交換会では取引先が年賀の挨拶をして名刺を置いていく。これも価値を生まない時間なので廃止した。商談が必要なら別の日に設定したほうが有効だ。

あらゆる無駄を廃止し、それでなんらかの支障が出たら復活させればいい。

まずはやめることが大切だ。

■会議も出張時の送迎も極力しない

毎月2回やっていたSVの全国会議は2か月に3回にした。

SV同士のコミュニケーションは活発で、何かあるたびにオンラインで情報共有しているので、会議の頻度が減ってもまったく問題はない。毎週やっていた営業会議は2週に一度にした。月次会議は四半期会議にした。

一般に、会社の中に価値を生まない仕事は8割あるといわれている。だから、気づいたときに無駄をなくす。報告書は1枚にする、文書にしないで口頭で報告する、社内文書の校正はしない。「てにをは」が間違っていたり、漢字の誤変換があったりしても気にしない。

全国の若手SVと交流するときは「しない経営」を浸透させる絶好の機会でもある。

以前、私が出張で広島市内の加盟店に同行することになった。SVがJR広島駅前のホテルまで車で迎えにきてくれるという。でも、私は「それは無駄だから」と店舗集合にした。

自分でJRの最寄駅まで行き、駅から2、3㎞歩いた。店舗で会えばSVは時間を無駄にせず加盟店巡回ができる。訪問が終了したら駅まで送ってもらわなくてもいい。

SVは1時間半いるが、私は店長と30分話せば十分に課題がわかるので、話が終わったら一人で帰ることにしている。

このように上司を車で迎えにいくのは無駄だという考え方を社内に浸透させる。送迎にかける時間をもっと有効に活用すべきだ。

■経営幹部は極力出社しない

会社の中で付加価値を生まない時間をどんどん削っても、生産性が上がらないのはなぜか。

それは付加価値を生まない時間をつくる人がいるから。

その犯人は経営者や幹部だ。

優秀な経営者や幹部ほど、社員の余計な仕事をつくる。思いついたことをまわりに言うと、経営者や幹部の言うことだから関心を持たざるをえない。

たまたまエチオピア経済のニュースを見た経営者が、「エチオピアが熱いというが、アパレルは生産しているのか？」と部長に聞く。

部長は忖度《そんたく》して「さっそく調べます」と言って、自分の部下に「明日までにエチオピアで生産しているアパレル業者についてレポートをまとめてくれないか」と仕事を振る。

部下は自分の仕事をいったん止め、ネットでエチオピアのビジネスをリサーチする。結果として、エチオピアは関税面でアメリカにもヨーロッパにも有利に輸出できる有望な産地であることがわかる。でも会社には差し迫ったニーズはない。なにしろ遠すぎる。

たまたま聞きかじったトレンドの調査を部下に投げるなんて一番やってはいけないことだ。その分、継続的な重要テーマへの時間が削がれる。必要なら部下に振らないで、自分で調べればいい。

そのために、**経営者や幹部は現場に行って極力出社しなければいい**。

現場で発見したことは長短あるが、どこかで聞きかじったテーマより重要性が高い。

現場には改善と改革のヒントが隠されている。経営者が新しいテーマを出してもいいが、1年で数回程度にすべきだ。それまでじっと我慢してため込む。その間に忘れたら重要性が低い証拠だ。

■稟議中も発議者は座らない

当社の属するベイシアグループでは、創業時から現場主義が徹底されている。

社長が会社にいるのは週1回、私は週2回だ。

出社したときには稟議がある。ワークマンの稟議は発議者が決裁者のデスクの前に立って説明する。私は最初その現場を見て、上下関係が際立ってよくないと思ったが、実際に立って説明すると、余計なことを言わないからすぐ終わっていい。社長の出社を週1回にするためにも立ち稟議は必要だ。

私は出社しない日は、加盟店で販売や在庫状況をチェックして自動発注の精度を確認したり、地方の不動産を見て、売れる場所かどうかを判断したりしている。

■幹部は思いつきでアイデアを口にしない

幹部が思いつきで何かを始めることほど会社にとってマイナスなことはない。社員はやらなくてもいい仕事に時間を取られて迷惑だ。

ビジネス書を読んで思いついたこと、セミナーや勉強会で聞きかじったことなどを、すぐに自社に当てはめて実施しようとしても成果は出ない。「これからはAIだ」「ビッグデータだ」「DXだ」と2年くらいで消えていく言葉（バズワードという専門用語）に惑わされ続ける。

経営者が思いつきでいろいろやろうとすると、本当に仕事に没頭している社員には迷惑だ。フラフラする社長を見るにつけ社員はイライラする。

「しない経営」を実施するのは、感度がよく、いい経営者ほどつらい。

「しない経営」は私への戒《いまし》めでもある。

第1章で触れたように、私は何にでもすぐに飛びつくジャングル・ファイターだった。元来やりたがりで、おいしそうな話があるとすぐにやってみたくなり、ちょこちょこ仕掛けるのが大好き。トレンドには乗りたい。One to Oneマーケティングの顧客管理や、お客様に応じて値段を変えるダイナミック・プライシングも試してみたくて興味津々。

だが、ワークマンのような一つのことを深掘りするのが得意な会社には有害だ。

だからじっと堪えた。

私が会社にいる間は、**客層拡大という目標と、それを支える「しない経営」と「エクセル経営」だけでいい**。絶対にやるまい。

いい経営者ほどアイデアが浮かぶ。

ビジネス書を1冊読むたびに新しい事業アイデアや改革案が浮かぶ。それを封印するのは結構つらい。でも、未熟な私が並みの経営者になるには、そのつらさを乗り越えなければばいけない。鈍感に見えるくらい愚直に一つの目標しか持たず、それに没頭するのが本当にいい経営者だ。

この8年間、ずっとそう自分を戒めてきた。

4 巨人アマゾンに負けない「しない経営」

■アマゾンが嫌がることを徹底的にやりきる

多くの小売りにとって最大の敵はアマゾンだと言っていい。

アマゾンに勝つことはできないが、少なくとも**負けない戦略**を考えなければならない。

弱者の兵法で、アマゾンが嫌がることを徹底的にやるつもりだ。

そこには3つの柱がある。

❶定価でアマゾンに負けない
❷配送費でアマゾンに負けない
❸販促費をかけない

図21｜巨人アマゾンに負けない戦略

目標	アマゾン時代にも生き残る製造小売
手段	中途半端では必ず負けるので「3つ」の手段で対抗

❶定価でアマゾンに負けない
PB製品は定価で負けず、作業服は「10年供給保証」

❷配送費でアマゾンに負けない（Click&Collect*）
店舗在庫活用の店舗受取通販なら宅配費不要
将来は宅配を捨て、高LTV*の店舗受取に特化

❸販促費をかけない
アンバサダーだけで売り切る

＊ Click&Collect：ECサイトで製品を購入後、店舗などで受け取るしくみ
＊ LTV：Life Time Value（顧客生涯価値）

■定価でアマゾンに負けない

天敵アマゾン対応の前提条件として重要なことは、アマゾンと**同じ土俵に乗らないこと**だ。

そのためには、まず難しい課題だが、**定価で負けないこと**である。

たとえば、One to Oneマーケティングに手を出すとコストばかりかかってしまう。

それより自社の強みで勝負する。ワークマンの場合は高機能・低価格製品と全国885の店舗網だ。

PB製品の場合、直接比較はできないが、類似製品であれば、定価で決してア

マゾンに負けない。価格が同じならワークマンのほうが高機能だし、同等の機能ならば安い。

作業服でアマゾンができないことは**供給保証**だ。法人が作業服を一度選ぶと、通常5〜10年間、同じモデルを使い続ける。生地が廃版になる恐れもあり、材料や副資材ベンダーの保証も必要だ。これも徹底的にやりきる。

ワークマンの作業服は、アマゾン対策として**10年間の供給保証**をつけている。

7Lまでの大きな体型や横幅型の体型（柔道体型、ラグビー体型など）用の在庫を保証するのは大変だ。横幅型の体型の人が一人も入社しないこともある。最後にはかなりの廃棄が出る。

■配送費でアマゾンに負けない

2つ目は、**配送をしない**ことだ。各店舗に在庫があり、お客様に店舗でお渡しできれば配送費は不要だ。現在はワークマン公式オンラインストアで宅配サービスを行いつつ、店舗受取サービスを推奨している。店舗受取なら配送料が無料になる。

注文金額1万円未満の宅配は有料だが、それでも好むお客様はいる。ワークマン公式オンラインストアを利用するお客様の3割は宅配希望だ。

だが、その層は残念ながらあきらめる。そこで勝負したらアマゾンに負けるからだ。

アマゾンとガチンコ勝負して100％負けるなら、絶対に負ける宅配の3割は将来性がない。宅配希望者の多くはワークマンの店舗が少ない都心の居住者だ。そのため、当社は都心への出店も計画している。ただ、当社の売上に対する家賃比率目標は3％のため、銀座、新宿、原宿、渋谷などへの出店は難しい。

ワークマンにあってアマゾンにないもの。それは**店舗**だ。

残り7割のお客様がきてくれる店舗を十二分に活用する。

店舗で受け取ってもらうと、他の製品を見てもらえ、次回来店につながる。

デザインはネットでも見られるが、機能は難しい。思ったよりやわらかい、びっくりするほど伸び縮みするなど、実際に触らないとわからないことが多い。

一般的なカッパはゴワゴワしているが、ワークマンのレインウェアには、普通のアウターとして着られるくらいやわらかいものがある。私はそれが気に入って日頃から着ている。

そういうものがあると、知ってもらう機会をつくるのが各店舗だ。

データでは1回店舗にきてもらった一般客は、**6〜7割が固定客化**する。職人さんなどのプロ客は9割以上が常連客になる。

だから3割の宅配希望のお客様をあきらめ、店舗にきてもらうお客様を固定客化することで勝負する。

たとえば、30歳で固定客になってもらえば、70歳くらいまで店舗にきてもらえる。

ワークマンの一般客の1回の買い物額は平均3000円。年間平均来店回数が3回、それが40年間続くと、一人当たり36万円使っていただける計算になる。

将来的に、山手線内に店舗ができれば、一切宅配をやめる。3年かかるか5年かかるかわからないが、やめるのは間違いない。

■販促費をかけない

3つ目は、**販促費をかけない**ことだ。

そもそもアマゾンは知名度が抜群で販促費がいらない。真正面から戦うときには販促費を使うと最初から不利なのだ。

そこでアンバサダーマーケティングの仕掛けをつくる。

前述したようにアンバサダーが無償で製品紹介をブログやYouTubeでやってくれる。

私たちはアンバサダーの活動そのものを店頭やネットで紹介する。最近のユーザーはネットでの評判を見てから買うので重要だ。これがアマゾンに負けない方法の本命だ。

本章では、「しない経営」について述べてきた。社員のストレスになること、自社の強みではないこと、価値を生まない無駄なことは徹底的に排除している。特に**相手のストレスになることを「しない」**は重要だ。

「しない」とは、相手の立場で考えると「されない」ということだ。

無駄な仕事を与えられない、できないことをさせられない、無用な干渉をされないことで、自分の時間を有効に使え、自分の頭で考え、行動できる。その結果、楽しみながら、仕事の結果を出すことができるのだ。

第4章

データ活用ゼロの会社が「エクセル経営」で急成長した秘密

1 社員全員が経営に参画するチームづくり

■「何もしない2年間」がワークマン飛躍の原動力

企業には中長期的な成長が必要だ。

経営者の仕事は、長期スパンでどのような成果を挙げるかを考えることだ。たとえば、5年後の理想的な姿を思い浮かべたとしよう。企業が5年後の変革を実現するには、2年後のあり方が重要になる。5年後に成果を挙げるには、2年後に地盤を築く必要がある。

2012年から2013年までの2年間、私はこれまでメディアなどで「何もするなという会長の言いつけを守り、何もしなかった」と発言してきた。

この**何もしない2年間こそがワークマン飛躍の原動力**となった。

じつは会長は「何もするな」という言葉の後に「一流の人材を育ててくれることを期待している」とつけ加えていた。つまり教育である。

私はワークマンにCIOとして入社し、社員全員がデータを活用し、経営に参画できるしくみをつくろうと考えた。

そのとき頭の中に思い描いたのは次の3点だ。

●社員を教育して、企業風土や仕事のやり方が変わるのは5年後
●情報システムは構想1年、構築1年で導入は2年後
●情報システムの導入前に、1日も早く社員教育が必要

このように5年後の変革をイメージし、2年後までに何をやるか、いま何をやるかとバックキャスティングで考えた。未来から逆算したわけだ。

ワークマンの強みは高機能・低価格製品。前述したように、なかなかマネのできない製品になっている。しかし基本的に製品はマネされやすい。もし優秀な会社が本気になれば、1年で同様の製品をつくってしまう。成長の限界を感じて、新業態を運営していくにはこれまでの勘と経験だけでは戦えない。データを活用する能力が必要だと思った。

データを活用した経営を実現するには相当な時間がかかるが、うまくいけば本当に強い会社になる。他社は一朝一夕には追いつけないだろう。

私が目指したのは、**全員参加型のデータ活用経営**。イメージしたのはこんな会話があたりまえになる会社だ。

一般社員：「社長はAとおっしゃいますが、データを見る限りBですよ」

社　長：「そうか。じゃあBだな」

行動原則にデータを置く会社。行動原則とは、社員が判断に迷ったときに立ち返るもの。全社的な判断基準がデータに変わるのだから、大げさではなく**「企業風土の改革」**と言えるだろう。

■会社を変えることは「自分自身」を変えること

ワークマンは作業服の製造販売を40年間にわたり地道にやってきた。

成功体験の積み重ねから事業ノウハウが構築され、さらに無駄なく標準化されていった。

新しい発想や自発性は不要になっていた。

上司には勘と経験が備わり、判断も正しかった。

製品や業界の知識は入社年齢に比例していた。入社10年目の社員は、勤続30年の社員には逆立ちしても勝てない。若手は先輩の言うことを100%実行すれば何の問題もなかった。

そうすると自然にトップダウン型の組織になる。

部下は常に上司の顔色を見る。忖度が会社の風土になる。上司が飲みに行こうと言えば、ほとんどの部下が無理してついていく。飲みの席でないと上司に意見が言えないとか、飲み会に行かないと仲間外れにされる。

そんなことも少なからずあった。

振り返ってみると、ワークマンにくるまでの私の仕事のやり方もトップダウン型だった。ジャングル・ファイターだった私は、これまで自分一人で仕事をしてきたと言っても過言ではない。事業立ち上げをスピーディに行うには、一人でやったほうが効率がよかった。

また、事業を立ち上げるときにはアドレナリンが脳内にあふれて体も躍動したが、事業が運営段階に入ると、興味が薄れてきた。

自分の仕事は事業の立ち上げであって、運営は自分の仕事ではないと思っていた。

商社時代は人の仕事は引き継がないし、引継書も書いたことがなかった。ファイルをどっさり渡して「後はよろしく」という感じだった。

コンサルタント時代も自分が先頭に立ち、コンサルツールをつくり、営業まで行う。

一人前のコンサルタントを100人くらいまで養成した。でもそれだけでは会社は大きくならない。

浅く広く仕事をしていただけでなく、人に任せることなく、自分の勘と経験と行動に依存したことが、そこそこのビジネスしかできない所以だったのかもしれない。

会社を変えることは自分自身を変えることだった。

■「社員のストレスになることはしない」「上司に忖度しない」経営

会社の大目標である「ブルーオーシャン市場の拡張（客層拡大）」で新業態に行けば、これまでの上司の勘と経験が使えない。

ニッチな業界ではお山の大将でいられても、他の業界に行けば必ず負ける。

そこで重要なのは、**全員でデータを活用し、会社の舵取りをしていく**ことだ。

だからといって上司と部下の関係性がいきなり変わるわけではない。

上司はこれまで同様、勘と経験に頼ろうとするし、部下は上司の誤りに気づいても、「部長の判断は違う」などとは言えないだろう。

だが社内に、**自分の勘と経験よりデータを重視しようという風土が浸透**していたらどうだろう。

「部長、このデータを見てください。部長は先日、A製品の重点販売を推されていましたが、B製品の販売が都市部で急激に伸びています」

と提案できる。部長も、

「そうか、ではB製品に変更しよう」

と意見を変えられる。行動原則にデータが置かれていれば、過去のやり方を否定したり、人格を否定したりすることにはならない。

勘と経験による意思決定を、データに基づく意思決定に変え、誰でも参加できる経営にする。

属人的な経営は危ない。

私を含めて昭和、平成時代に成功体験を持つ経営者が、いままでの勘と経験を頼りに舵取りしようとすると、ネットワーク型社会の変化に対応できない。勘と経験による意思決定は会社の大きなリスクポイントだと認識する必要がある。

データで相関関係や異変に気づき、解決の仮説をA案、B案と2つ考えて検証する。検証データのよかったほうを解決策として実行する。その効果を継続的にデータで検証しながら改善を重ねていく。

このしくみができれば、社歴に関係なくデータを活用して平等に議論でき、社内の叡智を集められる。

こうして見ると、**データを活用した経営も「しない経営」**であることがわかる。経営者から見れば、**「社員のストレスになることはしない経営」**であり、社員にとっては**「上司に忖度しない経営」**ということになる。

■高度な分析ソフトはいらない

これを実現するにはどうしたらいいか。

世の中には高度なデータ分析ソフトを導入している会社が多い。

ビジネスインテリジェンス（BI）といって、企業のデータを収集・蓄積・整理することにより、経営の意思決定に役立つデータを引き出せる。

ただ、これを十分に活用できているかというと、はなはだ疑問だ。

あまり高度なツールを使うと、突出したデータサイエンティストなど専門知識を持った人材だけのものになり、ほとんどの社員からは遠い存在になる。

経営者が乗り気でない場合もある。「自分はパソコンが苦手だから」と自分ではデータを見ることもできず、社員に資料をつくらせ眺めている。素晴らしいデータがあっても、幹部が「慎重に議論したほうがいい」と言って活用されない。

専門知識を持った人材にしても、定型的な分析結果だけを見て、そのとおりに動いていたら主体性がなくなる。

データに従うのではなく、**データを活用して社員一人ひとりが自分の頭で考えること**こそが本丸だ。

■「相関関係」と「因果関係」を混同するな

その点で強く感じるのは、多くの会社は**相関関係と因果関係を混同している**ことだ。

「AとB」は関係しているというのが相関関係であり、**「AだからB」というのが因果関係**だ。

ＡＩやデータサイエンティストは相関関係を導き出す。

データ分析の世界では有名なので、知っている人も多いかもしれないが、「スーパーマーケットで紙オムツを買った人は一緒に缶ビールを買う傾向がある」というバスケット分析（同時に何を買うかの分析）のデータがある。これは紙オムツの購買と缶ビールの購買に相関関係があるというデータであって、現場で活かすには実験が必要だ。

A案：オムツ売り場にビールを置く
B案：ビール売り場にオムツを置く

相関関係はエクセルでも簡単に見つけられる。相関関係から因果関係を導き出すには、実験が必要だ。因果関係を証明するためには、実務を知らなければならない。つまり、現場の社員がデータを活用しなければならない。

このA案とB案、果たしてどちらが有効なのだろうか。

いろいろな意見があるだろうが、おそらくまともな担当者なら、「そんな実験やめてくれ」と言うだろう。お客様の立場で考えたら、オムツ売り場のビール、ビール売り場のオムツ、いずれもふさわしくない。

データ解析のプロは会社の実務にあまり興味がない。

逆に業務担当者にとっては死活問題だ。

■「一流の人材を育ててほしい」という教育効果も計測できる

多くのCIOは情報システムの導入側に立ち、活用側には立っていない。ベンダーの選定、交渉、厳格な予算管理と短納期など、どうでもいいことに時間を使い、関係者にストレスをかけている。

CIOはベンダーの幹部に会っても仕方がない。**社員が情報システムをどう使っていて、そこからどういう価値を生んでいるかに注目**する必要がある。

国際会計基準では資産は時価で評価する。当然、情報システムも1億円で開発して2000万円ずつ償却するのではなく、活用していなければ減損処理をしなくてはならない。

全然使っていなかったり、価値を生んだりしていなければ簿価はゼロになる。そして損益計算書（PL）上に1億円の損失が出ることになる。

社員が情報システムをどう使い、そこからどういう価値を生むかは容易に推定できる。分析ソフトなら、利用頻度を見ればいい。つまり会長に言われた**「一流の人材を育ててほ**

しい」という教育効果も計測できるということだ。

■なぜ、いまこそ「エクセル経営」なのか

ワークマンのデータ経営の真髄は**エクセルの活用**にある。

だから私は**「エクセル経営」**と呼ぶ。

普通の会社でエクセルというと、おもに経営計画などで予算と売上の集計に使用され、多少バカにされている印象があるかもしれない。

しかし、じつは奥の深い**「草の根分析ツール」**である。

ワークマンの理想は、優秀なリーダーに社員がついていくという姿ではない。

普通の経営者を普通の社員が支えながら、市場で圧倒的に勝ち続けることだ。

カリスマ経営者による経営はたしかに素晴らしいが持続性に欠ける。その人がいなくなった途端に株価が急落する可能性もある。

また、優秀なトップでも、1期目はよくても2期目はダメということもある。トップが劣化すると組織全体が劣化する。だから**万一トップが劣化しても、社員は劣化せずに意見**

を出し、勝ち続けていくのがいい会社だ。

エクセルでデータを分析し、発見し、改革を考える。単にエクセルのデータをつき合わせるだけでなく、エクセルを使って自由に議論することで、社内の知恵を集められる。**普通の人の知恵を集めてできる「エクセル経営」**こそワークマンの目指すものだ。**非凡な人はいらない。頑張らなくてもいい。**

■AIやデータサイエンティストもいらない

エクセルのよさは使い勝手がいいことだ。データベースで簡単な分析ができ、いろいろな関数を使って自分の角度で分析・活用できる。分析はいろいろな切り口で行いたい。

たとえば、売上データを「作業服」「アウトドアウェア」「スポーツウェア」の3つに区分したとしよう。

ある社員は「プロ客向けウェア」と「一般客向けウェア」に区分して分析し、別の社員は「男性向けウェア」と「女性向けウェア」に区分して分析する。データベースの膨大なデータを、自分視点でエクセルに落とし込んで分析すると、いろいろなことが見えてくる。

自分で関数やマクロを使い、自分視点で分析すること自体が、クリエイティビティやイノベーションにつながる。特別なソフトは必要ないし、突出したデータサイエンティストも必要ない。社員が自分の頭で考え、進化していくことが重要なのだ。

ＡＩを活用した分析ツールを勉強しようと、幹部社員２人を研修に行かせた。

わかったのは、私たちがエクセルで分析した結果とＡＩが分析した結果はほぼ同じで、自分たちのやり方が通用するということだった。

もう一つは、ＡＩは結果にたどり着くまでのプロセスがブラックボックスになっていて、微調整できない。さらに費用も２０００万円と高額だった。

ＡＩは便利だが、会社のコンセプトに合わない。

自分の手で計算し考えて改革していく地道なプロセスが、ワークマンらしい。

エクセルを使うと、興味のあるデータを自分で加工して分析できる。分析ソフトの定型分析だけを見ていると、頭の働きが固定化され、同じ発想しか出てこない。関数、マクロを使えば自由に分析ができ、新しい発想が生まれる。その中から議論が生まれ、改善と改革の知恵が生まれる。

こうしたことが重なると、大きなイノベーションが生まれるだろう。

郵 便 は が き

料金受取人払郵便

渋谷局承認

6974

差出有効期間
2024年12月
31日まで
※切手を貼らずに
お出しください

1 5 0-8 7 9 0

1 3 0

〈受取人〉
東京都渋谷区
神宮前 6−12−17
株式会社ダイヤモンド社
「愛読者クラブ」行

本書をご購入くださり、誠にありがとうございます。
今後の企画の参考とさせていただきますので、表裏面の項目について選択・ご記入いただければ幸いです。

ご感想等はウェブでも受付中です（抽選で書籍プレゼントあり）▶

年齢	（　　　　）歳	性別	男性 ／ 女性 ／ その他
お住まいの地域	（　　　　）都道府県　（　　　　）市区町村		
職業	会社員　経営者　公務員　教員・研究者　学生　主婦　自営業　無職　その他（　　　　）		
業種	製造　インフラ関連　金融・保険　不動産・ゼネコン　商社・卸売　小売・外食・サービス　運輸　情報通信　マスコミ　教育　医療・福祉　公務　その他（　　　　）		

DIAMOND 愛読者クラブ　メルマガ無料登録はこちら▶

書籍をもっと楽しむための情報をいち早くお届けします。ぜひご登録ください！

- 「読みたい本」と出合える厳選記事のご紹介
- 「学びを体験するイベント」のご案内・割引情報
- 会員限定「特典・プレゼント」のお知らせ

①本書をお買い上げいただいた理由は？

（新聞や雑誌で知って・タイトルにひかれて・著者や内容に興味がある　など）

②本書についての感想、ご意見などをお聞かせください

（よかったところ、悪かったところ・タイトル・著者・カバーデザイン・価格　など）

③本書のなかで一番よかったところ、心に残ったひと言など

④最近読んで、よかった本・雑誌・記事・HPなどを教えてください

⑤「こんな本があったら絶対に買う」というものがありましたら（解決したい悩みや、解消したい問題など）

⑥あなたのご意見・ご感想を、広告などの書籍のPRに使用してもよろしいですか？

1　可　　　2　不可

※ご協力ありがとうございました。

【ワークマン式「しない経営」】111451●3350

2 小さく始めて大きな成果が出るまでやりきる

■「データ活用ゼロ」の会社ワークマン

「エクセル経営」をスタートさせるというと、社内にプロジェクトチームをつくり、ある程度の資金を投下するのが一般的だ。

しかし、私は小さく始めた。ただ、**できるまでやる**と決めていた。

最初に驚いたのは、**ワークマンにはデータそのものがなかった**ことだ。

決算書には金額に関する数字は集まっているが、店舗の製品の流れ（仕入数、販売数、在庫数など）に関する数量データがまったくなかった。SVが加盟店の店長に対し、個々人のコミュニケーション能力に頼った指導をしていた背景には「データ不在」があったのだ。加盟店からは**「アナログワークマン」**と呆《あき》れられていたほどだ。

いまから思えば、これも「しない経営」の一つなのだろう。

製品の流れと在庫の数量データは無駄と考えた。年間の仕入金額、販売金額、期末と期初の在庫金額を確定すれば、売価還元法で決算はできる。使わないデータは集めない。ほめられたやり方ではないが、簡便で合理的ではある。

ただ、この事実を知った私は「どうやって品揃えをするんだ！　小売業者が店舗の在庫数を把握していないでどうするんだ！」と怒り心頭だった。

店舗の販売と在庫数字は小売業の命である。

私は数量データを集め、必要な仕入数を予測するソフトをつくることにした。

公益財団法人流通経済研究所や専修大学の江《え》原《はら》淳《あつし》教授に教えを請いながら、私が以前在職していた三井情報株式会社にソフト製作を依頼した。

まず、業態の近いカインズの3年分の仕入、出荷、販売データを集めた。そのうち2年分のデータから3年目を予測した。実際どれだけ当たったかを3年目のデータとつき合わせて検証し、アルゴリズムをつくった。

国内ベンダーへの需要予測型発注システムはこうして完成した。アルゴリズム自動選択型のシステムは精度が高く、完成形に近かった。いまでも使っている。

次に、店舗の完全自動発注を目指した。

当社は専門店なので扱う製品が多い。店舗に1点しか置いていない製品が全体の7割もある。その1点が売れた後の判断は「入れる」か「入れない」かの2択しかない。1か0かの判断は統計的予測が使えないので、難しいのだ。

■時間がかかっても、よいものをつくる

実際、情報システムは時間をかけても、よいものをつくらないと意味がない。店舗の完全自動発注は10～20年かかるかもしれないが、徹底的にやらなくてはならない。そのリターンは、ワークマン各店舗の最適な品揃えと最適在庫につながっていく。売上を最大化する在庫を自動的に計算する。発注は小売業の命だが、それを完全自動化できる。

第1次開発は、1個売れたら1個仕入れるという簡単なしくみからスタートした。まずは加盟店がシステムに慣れる必要があったからだ。

■最初から完璧を求めない

そして、情報システムをつくるときは、**最初から完璧なものをつくらない**と決めた。

ＩＴベンダーはこちらの業務がわかっているわけではないし、こちらの社員もＩＴのことがさっぱりわからない。

わからない同士だから、まずは最小限のシステムをつくり、それを拡張しようと考えた。

ＩＴの開発は動作の試験が重要だ。たとえば１００の機能があったら、一番使いそうな10の機能までつくる。その後、使用しながら必要な機能をリストアップし、10の機能を追加する。多くの企業は考え抜いて最初から１００の機能をつくってしまい、実際には10〜15しか使わない。それよりも**10の機能だけをつくって絶えず手を加えたほうがいい**。動作試験は二度手間になるが、はじめから完璧を目指すより効率がいい。

■職務質問されながらも駐車場調査で見えてきたこと

研修を始めたら、データの取り方や活用の仕方も教える必要がある。

そこでフィールドワークのサンプルをつくった。

まず、「東京都区部に店を出すとき、駐車場は最少で何台分いるか」という命題を立てた。首都圏の複数店舗に出向き、駐車場を調査した。入庫時間、出庫時間、滞在時間、車種、同乗者数、作業者か一般客か漏れなくチェックした。


その結果わかったことは、**2億円を売り上げるには駐車場は6台分でいい**ということだ。作業者の滞在時間は平均5分程度。現場に向かう朝の時間帯は平均3分程度になる。嗜好品を買うわけではなく、仕事で使用するものを目的買いするので滞在時間が短い。同乗者が多いほど滞在時間が長くなることもわかった。

作業者がワゴン車などに相乗りした場合、一人の滞在時間は5分程度だが、3人だと15分程度かかった。一人だと目的買いでさっと店から出るが、複数の場合は、どうしても滞在時間が延びる。

1か月くらい駐車場の調査を専門に行っていると、ハプニングも起きるものだ。あるワークマン店舗の前で私が調査していると、警察官に職務質問された。小学校に隣接していたこともあり、いきなり不審者に間違えられて通報されたようだ。警察官に「ここで何をしているのですか？」と聞かれたので、「ワークマンの本部の者です。駐車場の出入り時間を見て、最適な駐車場の台数を計算しています」とノートを見せた。人数、車種を書いていたので、警察官は「ご苦労様です」と言ってすぐに去っていった。駐車場のリサーチはうまくいったが、開店時の売上予測はうまくいかなかった。

社内で「ワークマン人口」といわれているもので、ある商圏の中で第1次産業、第2次産業に携わる人口、店の前の通行量、駅からの近さ、信号までの距離、店舗への入車のしやすさや出やすさ（左右どちらかの車線からも入車できるか否か）などを調査した。

残念ながら、こちらは数か月、自分でエクセルの重回帰分析（人口や交通量などの複数要素と売上の相関関係を分析）をマニアックに行ったが、データ間の相関関係を見出すことはできなかった。

■2枚看板店舗で「今、店の中でスゴイことが起きてます！」

このとき駐車場を徹底的に調査したことが、後から実を結んだことがある。

私がワークマンに入社したことを伝えると、商社時代の同僚から、

「ワークマン？　大丈夫？　いつ見ても駐車場がガラガラだよ」

と言われた。

実際、昼間に駐車場に車が入っているのを見たことがないと言う人が多かった。

じつはワークマンの店舗は朝7時に開店する。作業者が仕事で使うものを現場へ向かう途中で買うことが多い。もしくは現場の作業が終わった後に、明日の仕事で使うものを夕方から夜に買う。

昼間に駐車場が空いているのを多くの人が目にするのは当然のことなのだ。

しかし、駐車場をリサーチしたとき、昼間の駐車場を少しでも活用できないか、別のお客様を呼べないかと思った。二毛作である。

これが客層拡大のヒントになった。同じ店舗を使い、**作業者向けの時間帯と一般客向けの時間帯**をつくれないかと考えたのだ。

そのアイデアはさらに進化し、現在では時間帯で見せ方を変える**変身店舗**も誕生している。「ワークマン」「ワークマンプラス」と**「今、店の中でスゴイことが起きてます！」（変身中）という3枚の切り替え式看板**を用意（↓次ページ）。これはテレビ番組でも紹介された。

ワークマンプラスさいたま佐知川店（埼玉県さいたま市）では、プロ客が多く来店する時間帯の7～10時と16時30分～20時は「ワークマン」。一般客がメインの10～16時30分は「ワークマンプラス」に業態転換。可動式の外看板を採用し、時間帯に合わせて**看板、マネキン、照明、製品パネル、音楽と香り**まで切り替えられるようにした。

写真4｜ワークマンプラスさいたま佐知川店のビフォー・アフター

WORKMAN
7~10時、16時30分~20時は作業者向けのワークマン
今、店の中でスゴイことが起きてます!
WORKMAN
WORKMAN Plus
ただいま業態転換中!
WORKMAN Plus
10~16時30分は一般客向けのワークマンプラス

3 「エクセル経営」の驚くべき成果

■IT系、情報系幹部をプロジェクトの長にしない

2014年、ワークマンは客層拡大に向け、「エクセル経営」を実施することを「中期業態変革ビジョン」に入れ込んだ。

社長以下社員全員で「エクセル経営」をやると決めたわけだ。

一般的に企業の目標は、経営改革による本業の業績改善か新市場への進出に大別される。その中で目標を絞り込む、目標達成までの時間を十分に取る、目標の阻害要因を見つけて解決するなどのやり方がある。

目標の阻害要因の発見は、「エクセル経営」で行いやすい。現場の課題を多くの社員がデータで分析すると、議論すべきポイントが見つかり、改革しやすくなる。この製品の「色

とサイズのアソート（分布）は間違っている」など実際に改善すべきことがわかる。

導入期には月に一度の幹部会で「エクセル経営」を推進した。当時は「単品管理プロジェクト」と名づけて数字データを集めた。

「エクセル経営」の進め方については左ページに示した。この図は時系列で示している。経営で行うことは本章に、教育として行うことは次章に詳述している。

重要な点は、現場に精通した**業務系の幹部が主体的にプロジェクトを進める**ということだ。

目的と手段を誤ってはいけない。

私は、**業務改善の手段としてデータを活用する**という位置づけにこだわった。

ＩＴ系、情報系の幹部がプロジェクトを主導するとろくなことがない。情報システム導入がゴールになってしまう。だから、ＩＴ系、情報系幹部は会議では一切発言しないこと、業務系幹部が間違った発言をしても口を挟まないことを決めた。

そして、重要なことは社長から社員に話してもらった。

客層拡大に向け、「エクセル経営」を実施することを何度も話してもらったのだ。

図22 「エクセル経営」の進め方

1 **「エクセル経営」を経営計画（中期業態変革ビジョン）に入れる**（→第4章、P175） 経営側の本気度を示す

2 **データ活用教育を早めに始める**（→第5章、P194）
分析ソフトを全員が業務に活用できると成果が出る

3 **データ分析チームをつくる**（→第5章、P204）
業務精通者をチームリーダーに

4 **データ分析チームの成果をほめる**（→第5章、P209）
ほめまくると伸びる（社内表彰）

5 **「エクセル経営」の制約条件を取り除く**（→第4章、P189）
分析すると阻害要因がわかるので、経営側はそれを改革

6 **経営者もデータ活用して改革推進**（→第4章、P190）
改革が次の成長力になる

↓

「全員参加型」の経営改革へ

データは活用してこそ意味がある。そこで重要なのが**上司の態度**だ。

部下がデータを分析して問題点を指摘しても、上司が自分のやり方を否定された気持ちになって指摘を無視したら、部下はデータ活用をしなくなる。

そこで上司のあるべき姿を次のように「定義」した。

①意見を変えるのがいい上司

②上司の仕事は分析結果の適応範囲の判断

ワークマンは作業服を40年以上やってきて、上司には製品と業界の知識があったから判断を間違わなかった。しかし、新業態は全員が未経験だ。まして社会が大きく変化しており、その影響を新業態はもろに受ける。

まず、**「上司でも間違うのは当然の時代だ」**ということをみんなで共有した。

だから部下の指摘は「ありがたいもの」として受け入れる。上司は頭をやわらかくし、部下が数字で問題点を指摘したら実験して、それが検証されたら意見を変える。これがいい上司だ。

そして、上司の仕事は変わる。

部下の実験結果を、どの範囲まで適応できるのか見極めるのが上司の新しい仕事になる。部下の指摘は一つの店舗だけに当てはまるのか、それとも地域全体に共通するのか、全国でも通用するのか。

このように実験を通じて、**全国標準を書き換えるのが上司の大切な役割**だ。

一つのデータ分析によって店舗の品揃えや在庫を改善し、業務を効率化・省力化するだけでなく、それを広範囲に標準化させることが企業全体の業務改善につながる。

あるＳＶが、担当している加盟店の業績が伸びない原因を分析したとしよう。

最初に店長が売れないサイズの製品ばかり仕入れているのではないかと仮説を立てた。

だが、調べてみるとそうではない。他の店舗と比較して、仕入れに大きな偏りはなかった。

次に、ある製品の初回導入のセット組（Ａ製品はＳ１枚、Ｍ５枚、Ｌ５枚、ＬＬ３枚などの分布で店舗に導入）に問題があるのではないかと考えた。

自分の担当する加盟店を調べると、いずれもＡ製品の小さいサイズの在庫が多い。「もしかするとＡ製品は小柄な人のニーズ（一般客はプロ客よりサイズが小さい）に合っていないのではないか」と考える。もしセット組が間違っているとなると、ＳＶの担当店舗を越えて全社的な問題となる。

このように自分の担当店舗の売上を伸ばすために分析したことが、結果として全社的な大きな問題点を見つけることにつながる。

データ分析は原因を深掘りしていくと、本質的な問題、経営や企業風土の問題につながることがある。

■「上司は50％間違える」と公言する

上司は「自分は間違える」と公言していたほうがいい。実際、間違えるだろうし、そう言ってくれたほうが部下は提案しやすい。

私は**「自分は50％間違える」**と堂々と公言している。

何かアイデアを出せば2つに一つは間違っているものだ。なんとも頼りないと思われるかもしれないが、それだけ勘と経験が通用しない時代に入っているのだ。

たとえば、私は作業服という言葉は「ダサい」と思っていた。

それでワークマン公式ホームページの「作業服」という表記をすべて「ワークウェア」に一括変換してしまった。

だが、それは**大間違い**だった。

作業とは一流の職人の仕事である。日本の職人技は非常にレベルが高く、イメージがいい。作業服とはその職人が選んで身につけている仕事着だ。

アウトドア領域に進出するとき、広告代理店が**「カジュアルウェアにプロ品質を」**というキャッチコピーをつくってきた。一流の職人が選ぶ製品ということは、宣伝に使えるのかと目からウロコで、会社の重要な方針変換になった。それ以降、プロという言葉を意識的に使用するようになった。

■三井不動産からの強烈なひと言

新店舗名も間違えた。

「ワークマンプラス」をスタートするときに、「ワークマン」を隠して「WM+」にしようとした。

超大手ショッピングモールのマネジャーに「ワークマンという名前を出したら絶対に売れない。セカンドブランドをつくったほうがいい」とすすめられ、「そのとおりだ」と思った。その気になって自分でロゴまでデザインした。

ところが、ショッピングモールを運営する三井不動産から**「ワークマンという名前を出**

さないならモールに入れない」と真逆のことを言われた。

「ワークマンはイメージがいいから」と言われ、目からウロコだった。

天下の三井不動産のほうが私より的確な判断をするだろうと、その意見に乗ったわけだが、まさにそれが正解だった。

結果的に、ワークマンプラスが成功しただけでなく、その波及効果がワークマンの路面店に及び、路面店売上が**平均3割程度上がった。**

ワークマンプラスとまったく同じ製品を売っていると、お客様が認知してくださったのだ。

もし「ワークマン」を隠していたら、全店への波及効果はなかっただろう。

■ワークマンプラス第1号店の裏事情

もう一つの失敗は**出店先**だ。

ワークマンプラスの第1号店を出すとき、事業としての採算性を考え、普通のショッピングモールに出そうとした。

念のため、百戦錬磨の創業者の会長に相談すると、「そうじゃないだろ」と叱られた。

会長は「1店舗目はいいところに出すんだ」と言った。

「でも、赤字になるかもしれない」と私が言うと、会長は「それは広告宣伝費でまかなえばいい」と言った。

そこでグレードが高く、建物のデザインも凝っているプレミア系ショッピングモールに出店した。

これらの3例を説明して、私は社内で言いきっている。

「私の言うことを信じると、本当に大変なことになる！」

そのせいか部下は遠慮なしにデータを示して反論してくる。実際は反論でなく、社内の深い知恵が集まってくるのだ。

じつは、ワークマンプラス第1号店は銀座に出店しようと本気で考え、社内で言いふらした。するとさまざまな異論が出てきた。

「銀座でウインドウショッピングというが、実際に消費行動を見ると、誰もウインドウなんか見てやしない」

「購入するブランドがすでに決まっている人か、友達とお茶か会食をする人しかいない」

「あんなところに出したら、売上の5割を家賃に取られる」

といった意見が続出した。まさに袋叩きに遭った。

こうしてみんなに言いたいことを言ってもらいながら、論点が整理され、出店候補地を絞り込んでいく。

ただ、私も人の子。自分の意見が間違いでそれを変えるというのは、多かれ少なかれストレスを感じるのもたしかだ。

そこで**「私は意見を変える能力が高い」**と思うようにしている（笑）。

自分の意見を簡単に変えられるというのは、一つの能力だと。

最初の決定を仮説ととらえれば、いろいろ言ってくれるのはありがたいことだし、失敗を未然に防ぎ、さらにいいアクションにつながる。意見を変えて本当によかった。自分の意見に固執していたら会社に大損害を与えていた。「エクセル経営」を行うことで、ちょっとした気づきが下から自然と上がってくるようになるのだ。

■動かない店長がすぐ動くようになる仕掛け

次章でエクセルの研修をどう行っているかについて詳しく触れるが、「全員がデータ活用できればいい」という私の思惑はよい形で裏切られ、データ分析用の独自のエクセルツールを開発するほどの人材が育ってきた。

分析ツールは社員が自発的につくり、現在は私が知っているだけでも200程度ある。社員がひそかに作成している地下ツールもある。製品開発、販売、在庫、入出荷計画、コンテナ開梱作業計画などさまざまな分野で自主的に分析ツールをつくり、そのうちいいものだけを全社で共有する。

こうした**「草の根データ活用マインド」**が**「エクセル経営」**の**真骨頂**だ。

ここでいくつか代表的なものを紹介したい。

一つは、**「未導入製品発見ツール」**(↓次ページ)だ。

SVが店舗を回る際の最大の仕事が品揃えの確認だ。

それが店番号を入力するだけでできてしまう。

エクセルのフォームに、店番号を入力すると、その店で扱っていない製品がすべて表示される。しかも他店で売れている順番に出てくる。これを店長に見せると、「この製品を入れていれば、もっと売上が上がっていたのか!」と悔しがるわけだ。

SVの仕事で一番重要なのは、店舗を巡回し、売れ筋の在庫があるかを確認すること。

図23 「未導入製品発見ツール」

未導入の発見をしよう！

品揃えすべき製品が、なんらかの要因で陳列されていない状態を
カンタンに見つけることができる分析シートです。
担当SVとともに、売り場のチェックに活用して販売金額を増大させましょう。

対象期間：201X年4月1日〜11月18日　店舗数：758

No.	製品名	売価	販売点数	導入店舗数	導入店平均（*1）	導入店平均販売額（*2）	ラウンド按分数（*3）	販売状況評価（☆0〜4）	個店販売数
1	W010 高級2本編み軍手 10双	¥199	1760024	758	2321.9	¥452,054	1932.8	☆☆☆☆	2350
2	日本一軍手 1ダース 600g	¥360	562072	756	743.5	¥267,653	618.9	☆☆	431
3	W600 GRAY 2本編み軍手 フィットタイプ 12双	¥299	260431	728	357.7	¥106,963	297.8	☆☆☆☆	398
4	730 バイオレット3本編み軍手 1ダース	¥350	191202	730	261.9	¥91,672	218.0	☆☆☆☆	289
5	770 ニューブラッキー 3本編み軍手 12双	¥350	147324	685	215.1	¥75,275	179.0		
6	Z-620 KINARI 3本編み軍手 12双組	¥299	73190	502	145.8	¥43,593	121.4	☆	36
7	Z-006 2本編み軍手 1ダース	¥205	2595	19	136.6	¥27,999	113.7		
8	W010 高級2本編み軍手 10双	¥199	375	3	125.0	¥24,875	104.1		
9	日本一軍手 1ダース 600g	¥360	2951	24	123.0	¥44,265	102.4		
10	ワークマン 日本一軍手 ちょっと小さめ手首フィット	¥426	74965	734	102.1	¥43,508	85.0	☆☆	62
11	ワークマン 日本一軍手 630g	¥426	53934	539	100.1	¥42,627	83.3		
12	日本一軍手 10双組 大きめLサイズ	¥410	51428	715	71.8	¥29,449	59.8	☆☆☆	59
13	WZ600 2本編みキナリ軍手 12双組	¥299	23699	342	69.3	¥20,719	57.7		

＊1 導入店平均＝販売点数÷導入店舗数
＊2 導入店平均販売額＝導入店平均×売価
＊3 ラウンド按分数＝導入店平均×（ラウンド売上÷9500）

そして、店長に売れ筋を伝え、品揃えの改善を促すことだ。

これまでは、伝えたからといって店長がすぐに動くとは限らなかった。

しかし、「未導入製品発見ツール」を見せると、店長は大きな衝撃を受ける。仕入れれば儲かる製品が並んでいるからだ。

ＳＶはこう言うだけでいい。

「Ａ製品を発注しないと、年間で70万円も損します！」

店長は儲け話には１００％乗ってくるから、「売れ筋上位の20製品のうち未導入の３製品をいますぐ仕入れよう」となる。

まさに「エクセル経営」のパワーだ。当社には約１２０人のＳＶがいるが、「未導入製品発見ツール」の開発によって、彼らの仕事の半分はエクセルに店番号を入れるだけでできるようになった。いまやかなり破壊力のある便利ツールとなっている。

■「在庫ゼロ」を実現する方法

もう一つは**「サイズ変動発見ツール」**だ。
製品を入力すると、Ｓ、Ｍ、Ｌ、ＬＬ、３Ｌサイズの売行き分布図が地域別に表示される。

たとえば、ある一般客向け製品については、Sサイズが全体の10％、Mは22％、Lは34％、LLは22％、3Lは12％の分布で生産する。プロ客向け製品だとSの比率が3％くらいに低下する。一般客のサイズはマッチョなプロ客よりひとまわり小さい。誰が買うかによってサイズ分布が大きく変動するので予測が難しい。

このツールでは、**製造したサイズと売れているサイズの差が一目瞭然**になる。このツールの開発後は、サイズの片寄りによる在庫が減少してきた。

数多くの便利ツールがつくられているが、会社や部署で標準ツールとして使用するものは各部署で3～4件に絞っている。

たくさんのツールを使うと、重点目標の仕事が希薄化されるからだ。人は並行して多くのことをできないものだ。

■成果をほめ、阻害要因を排除

データ活用の成果はすぐにほめた。

たとえば、毎年行われる社長表彰者の中に、積極的にデータ活用の優秀者を入れてもらった。

同時に、阻害要因は時間をかけて解消してきた。

たとえば、ラインのリーダーがデータに弱いとうまくいかない。ラインのリーダーはデータに強い人に時間をかけて入れ替えた。

以前のワークマンでは、コミュニケーション力が高い人がどんどん出世した。

加盟店店長がSV担当者に何か意見を言ってきたときでも、SV部長が出ていけば店長に納得してもらえる。一方でそのSV部長はデータ活用には後ろ向きだった。

だが、SV部長の仕事は加盟店との問題解決だけではない。

加盟店の売上を上げ、お客様のために品揃えと在庫を最適化するのがSV部長の役割だ。

SV部長は、お客様のために、加盟店のために、みんなが笑顔になる在庫にしていくのが仕事なのだ。

■「エクセル経営」で決まったワークマンプラスの品揃え

ワークマンプラスをスタートさせて2年以上が経過した。店舗数は222(2020年9月末現在)だが、いまだに競合がいない。

これは製品力だけではなく、「草の根データ活用マインド」によって運営力を少しずつ強くしたことにもよる。

じつは**ワークマンプラスの品揃えは「エクセル経営」で決まった。**

全取扱製品から一般客が買っている製品を抽出し、ショッピングモール店の品揃えを決定した。

のちにモール店での取扱製品数を320アイテムから200に減らしたが、売上には影響がなかった。新業態をデータで運営して、この2年間で全社の営業利益を2年前に比べて**181%**伸ばした。

これは「エクセル経営」が浸透したからだ。もし根づいていなければ、在庫が残り、低価格路線も崩れる。商品部にはデータ活用の猛者たちがいて、来年、どの製品をどれだけ製造するかを統計的に予測している。

ワークマンの製品数はユニクロよりはるかに多い。デザイン的には、ワークマンの製品はユニクロより派手で、よくインスタ映えする。インスタ映えするということは「個性が強い」わけで、売れ残ったら一大事だ。これを「エクセル経営」が支えている。

現在では、経営幹部の意思決定はデータを基本にすることがあたりまえになっている。

社内では売れ残りそうな季節製品に販促をかけて売り切る**「販促アラート会議」**なるものがある。

シーズンごとに2回、社内の3部署で取得したそれぞれソースが異なるデータを持ち寄って議論し、それに基づいてPOPや、陳列、チラシなどで販促をかける。季節の途中からでも販促をかけるとかなりの成果が出る。

「エクセル経営」はさらに進化する。

いま一番力を入れているのは、前述した店舗の**自動発注のしくみ**だ。

半分の店舗に導入したが、もっと精緻なものをつくりたい。

SVの仕事もどんどん変わっていくだろう。「エクセル経営」を進めていけば、SVの店舗巡回をリアルとネットで半分ずつに置き換えることができるだろう。

第5章

なぜ「エクセル経営」で社員がぐんぐん成長するのか

1 データ活用教育の始め方

■データ活用教育を早めに始める

私がCIOとしてワークマンに入社したのが2012年4月。その年の8月からエクセル活用研修を行った。

私は、社員がデータを活用して**経営参加**できるようになることが一番大切だと思っていた。

データ活用教育はできるだけ早めにスタートすべきだ。

データ分析ソフトを導入してから研修をスタートする会社があるが、**順番が違う**。

当社の場合、ビジネスインテリジェンス（BI）分析システムが稼働したのが2014年10月だったから、その2年2か月前から教育をスタートさせたことになる。

それだけでなく、前章で触れたとおりワークマンには数量データそのものがなかった。ゼロベースからデータを集め、分析し、イノベーションを起こす。1、2年ではとうていできない。教育のスタートはなるべく早いほうがいい。

■全員参加でないと意味がない

ただし、研修レベルは高くなくていいと思っていた。

社内で突出したデータ分析人材を育てることを目標にすると、社員全員が「エクセル経営」に参加できない。

企業風土を変えることが最終目的なので、全員参加でないと意味がない。

いまでこそ「分析チーム」が注目されているが、正直言うとはじめは受け身のデータ活用だけでも十分と考えていた。研修も後述する「全社員向けデータ分析講習」（分析と言っているが、実際は活用レベルの講習が中心）だけを考えていた。

ところが、研修を進めるうちに、「3度のメシよりデータ分析好き」というデータサイエンティストまがいの社員、独自に分析ツールを製作するマニアックな社員が現れたので、その能力を伸ばしたほうがいいと判断。「中級者向けデータ分析講習」を新たに用意した。

仕事をしているのか、マニアとして遊んでいるのかわからない部分もあるが、それはどうでもいい。仕事もできて業務もわかり、データ分析も極めてプログラムが組める。そんな人材が社内にいれば「エクセル経営」はどんどん進む。彼らは分析対象に強い興味を持っていた。

■社員に求める能力を明確にする

「エクセル経営」の研修の話をする前に、会社が社員に望む能力の全体像を確認しておきたい。これは社員には明確に示している。

①コミュニケーション力

これはビジネスパーソンの基礎能力。全社員に必要なので、入社1、2年目に直営店で研修を行う。

その後は**②データ経営力**と**③デザイン力**の2つの能力に分かれる。②は全社員にほぼ必須であるが、③は製品開発に必要な能力で、商品部への配属者が身につける。

図24 | **社員に求める3つの能力**

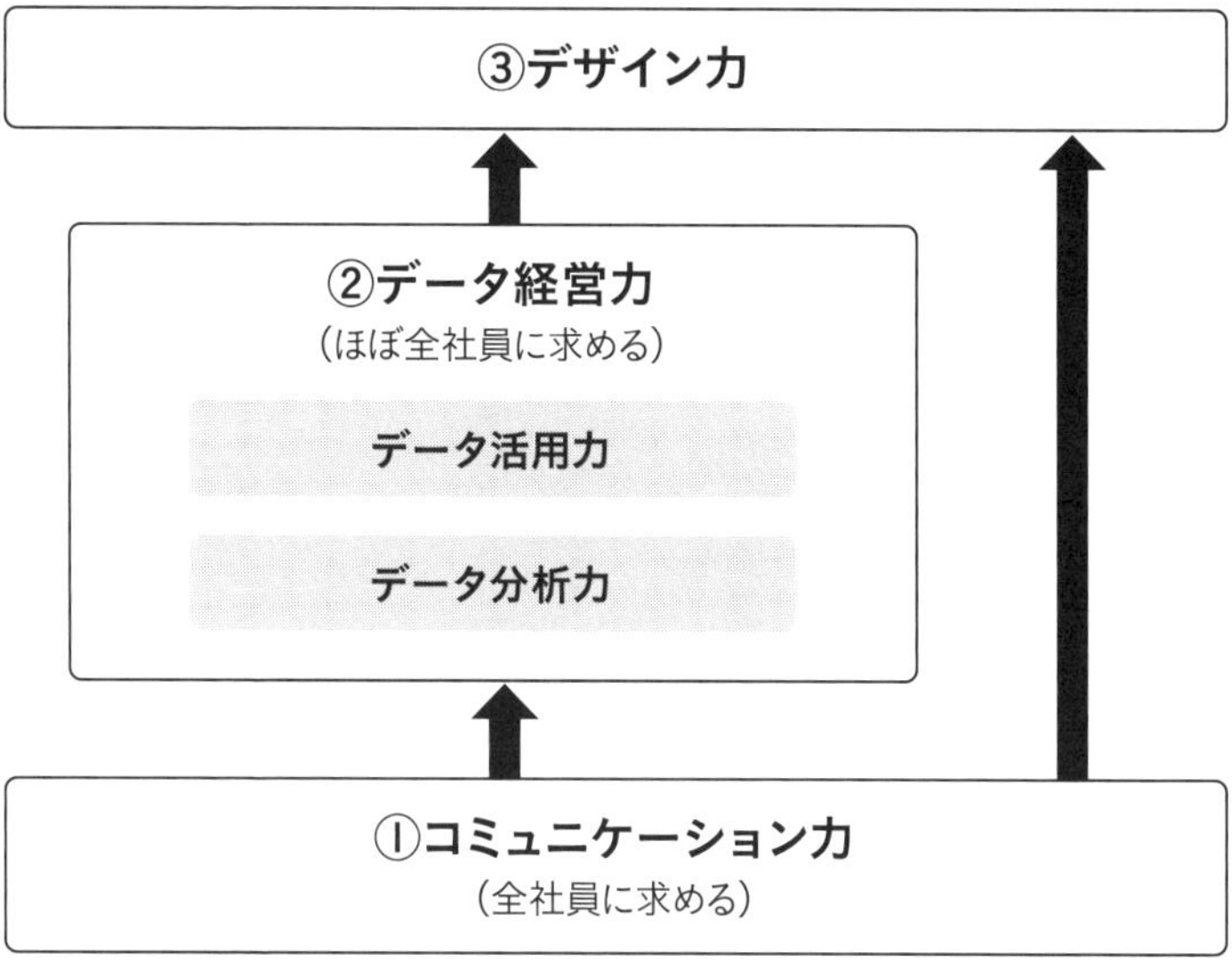
③デザイン力
②データ経営力
（ほぼ全社員に求める）
データ活用力
データ分析力
①コミュニケーション力
（全社員に求める）

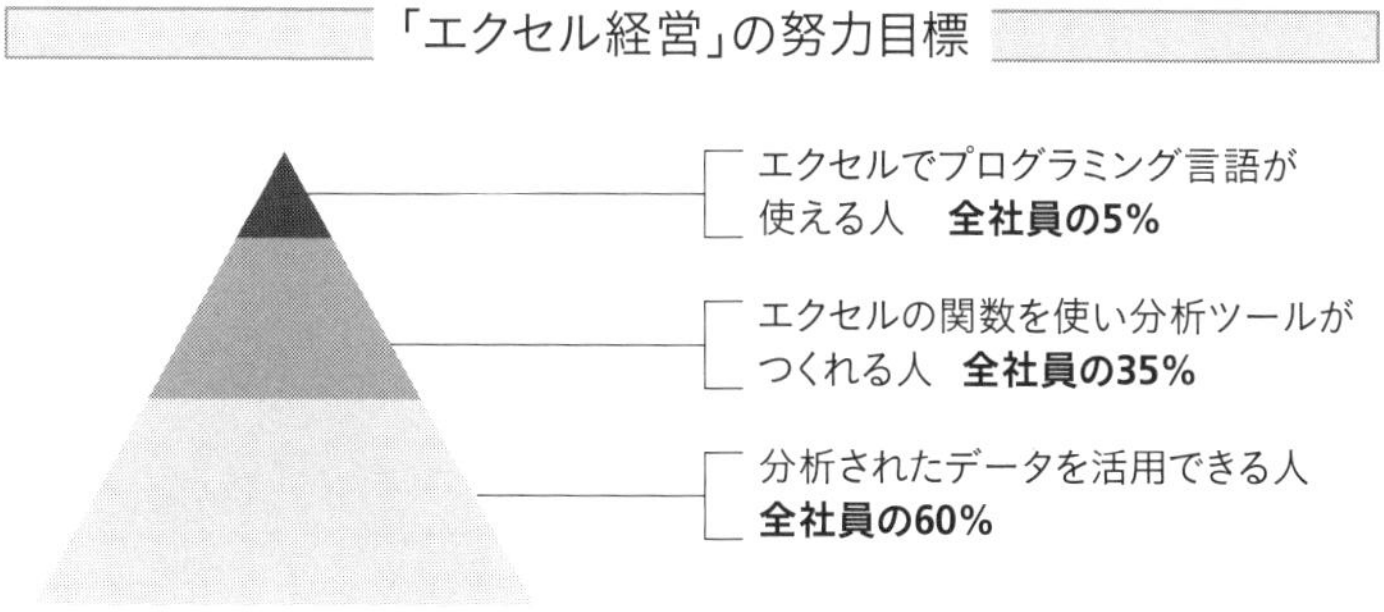
「エクセル経営」の努力目標
エクセルでプログラミング言語が使える人 全社員の5%
エクセルの関数を使い分析ツールがつくれる人 全社員の35%
分析されたデータを活用できる人 全社員の60%

②データ経営力

これもほぼ全社員に必要なので、「全社員向けデータ分析講習」で身につける。

本章では「エクセル経営」のために不可欠な能力で「データ経営力」の2本柱である「データ活用力」と「データ分析力」の話をする。

「エクセル活用研修」を始めた頃、次のような数値目標を描いた。

●分析されたデータを活用できる人：全社員の60％（「全社員向けデータ分析講習」で育成）

●エクセルの関数を使い分析ツールがつくれる人：全社員の35％（データ分析に向いている人を「中級者向けデータ分析講習」で育成）

●エクセルでプログラミング言語が使える人：全社員の５％（日常業務の中で能力を高める）

研修開始から8年半がすぎた現在でも、まだ未達の状態だ。

「期限は定めない」がワークマンの流儀なので、達成には早くて5年、長ければ10年かかるだろう。

ただし、最近では「エクセル経営」が重視されていることが社員に浸透し、若手社員が時間のあるときなどに自主的に勉強している。

こうした動きが加速すれば、もっと短期間で達成できるかもしれない。

■試験の平均点は「90点」にすると社員が伸びる

最初は社内にITに精通している社員がいなかったので、若手を中心にエクセルの基礎から学び始めた。

2014年にデータ分析ソフトが導入されてからは、入社したら全員が3〜4年のうちに計4回の1日講習を受ける。

【入社1〜4年目社員を対象とした「全社員向けデータ分析講習」】

①入社すると2年間、店舗で店長を経験。その間にデータ分析講習を2回

ワークマンが使っているデータコム製のデータ分析システム「d3」の使い方を覚える。

②店舗活性部で店舗の改装や新店の立ち上げに携わる。その間にデータ分析講習を1回

より実践的な「d3」の使い方を学ぶ。「d3汎用分析講習」や、エクセルを使った分析を学ぶ「エクセル分析講習」が用意されている。

③スーパーバイズ（SV）部という営業職に上がる。その間にデータ分析講習を1回「d3演習講習」を受ける。

【入社5年目以降の社員を対象とした「全社員向けデータ分析講習」】

最初は入社1～4年目社員を対象にした研修だけを行っていたが、幹部になる頃には忘れてしまうので、係長以上、チーフやマネジャーなど幹部向けに毎年講習をして、データに関する知識の底上げと維持を図っている。

マネジャー以上には「幹部スキルアップ講習」「分析セミナー」、エリア長以上には「データサイエンス検討会」といった研修を開催している。社長の小濱も各研修に積極的に参加している。**社長が若手社員と一緒に研修を受ける姿は他社では見られない光景**かもしれない。

研修後には試験を行うが、**平均点が90点になるような簡単な問題**にしている。試験の点数がいいと「得意だ」と感じ、実際にデータ活用力が上がっていく。

もし平均点が60点になる問題をつくったら、3分の1の参加者は苦手意識を持ち、その後、エクセルに触ったりデータを見たりするのが嫌になる。これは会社にとって大きな損失だ。

研修後の試験では、出題者が自己満足で難しい問題を出したがるが、「百害あって一利なし」だ。平均90点にすることでデータ活用力が上がる。**ほめて伸ばす**のが教育の基本である。

■新入社員に売上なんか期待するな！個々の能力が伸びるほうが重要だ

座学と並行してデータを業務で活用することも始めた。

まず、直営の店長向け研修について話そう。

ワークマンには直営店と加盟店の2つがある。新規店舗はまず直営店として開店し、売上が上がったらFC加盟店に渡すしくみだ。

直営店には本社の1、2年目社員が入る。この人たちを教育するのは大変重要な意味がある。既存の社員にとっては「エクセル経営」は新規に導入されたものだが、彼らにとってはそうではない。データ活用するのがあたりまえの世代なのだ。「エクセル経営」ネイティブと言ってもいいだろう。ここで基礎と実践を学ぶことがとても大きな財産になる。

ワークマンは取扱製品が多いので（約9000種）、1年目は覚えるだけでも大変だが、

2年目になると少し余裕が出るので、現場でデータ活用と実験を行う。

直営店は社内では「研修ストア」と呼ばれ、業績は管理していない。

私は入社したての頃、「まさかそんなことがあるのか」と驚いて調べたが、本当に業績管理をやっていなかった。**「新入社員に売上なんか期待するな！　個々の能力が伸びるほうが重要だ」**と割り切っている。製品知識や接客など、個々の能力は見るが、売上は一切見ない。

店長は毎月、データを見ながら小さな実験を繰り返す。

たとえば、売り場の陳列方法を変更し、その成果をデータで検証してレポートを提出する。A製品とB製品のどちらを前に出したほうが売れるか、キャッチコピーAとBではどちらが販促につながるかなど、どんな小さなことでも実験し、データ活用のレポートを毎月書く。教育部長に提出したレポートは分析チームのリーダーやチームのメンバーが読み、コメントをつける。レポートの内容がいいと判断すると、より高度なものを教える。

■失敗を心から歓迎する風土づくり

こうすることで、新入社員でもチャレンジすることに慣れていく。

経営者が失敗を許容しないと、リスクの高い新市場や新業態開発をする社員はいなくなる。

机の上で企画・調査に時間をかけるより、行動したほうがいい。

難しいと言われても、やっているうちに自分の強みを発揮する活路を見つける。

前述したとおり、データ分析でわかるのは「AとBはなぜだかわからないが関係がありそう」という相関関係だけだ。**ビジネスに一番必要な「なぜそうなるか」の因果関係を証明するには実験しまくるしかない**。気軽に実験して本当に因果関係があるかを試してみる姿勢が大切だ。

実験して成果を出す人が一番いいが、**失敗する人も大歓迎**だ。

実験で失敗しても、因果関係の証明に一歩前進したと前向きにとらえる。

たとえば、ある命題に対して10個の仮説があったとしよう。

その場合、10個の検証実験をしないと結論が出ない。すなわち**1の失敗は仮説を9に減らすことに成功**したことになる。

若手社員は常識にとらわれないのでさまざまな工夫をする。

ワークマンプラスができるまで、ワークマンにはマネキンがなく、製品は棚から引っ張り出さないと見えなかった。そんな時代に**入社2年目の店長が簡易マネキン**をつくった。

上着はハンガーにかけ、詰め物で膨らませる。ズボンの中に段ボールを入れて紐《ひも》で吊るし、上下のコーディネートを目立つ位置に展示した。周囲は「そこまでやるか」と驚いたが、結果その製品はかなり売れた。

■データ分析チームをつくる

SV部は加盟店を巡回し、正しい運営が行われているかの確認や、売上アップの改善提案を行う。訪問もするが、加盟店の業務を数字で見ている。「エクセル経営」ネイティブの若手店長も3年でSV部に入って全国に散らばっていく。

私はここにいる人材を育てることが「エクセル経営」の重要なポイントになると思い、より実践的かつ発展的な勉強会を行った。

基本はBIツールを活用することだ。活用法には定型分析と非定型分析とがあるが、重要なのは**非定型分析**だ。研修ではBIのデータをエクセルに落とし、エクセルの関数やマクロで非定型分析用のツールをつくる。

そこで頭角を現した中堅社員は希望すれば、全国に約120人いるSVの中で、特にデータに強い精鋭20人で構成された**「分析チーム」**のメンバーとなる。分析チームは関数、マクロなどを駆使して分析ツールをつくっている。

分析チームの立ち上げ初年度は、ＳＶ研修の経験者で、もっとデータ活用を学びたい人が集まった。**研修は業務時間内に行い、業務時間外まで延びたら残業代を支払う。**

また、チームメンバーの中にはＳＶ部を経験した後に、他部署に転出する人もいる。このためＳＶ部の分析チームは全社データ活用の中核となった。

商品部、ロジスティクス部、ネット販売部でも1年間分析チームをつくり、各自の仕事上の分析テーマの発表会を開催した。2か月に一度部署を越えて集まり、データ分析を業務に活かしたケースを発表し合った。小濱社長も都合がつけば出席して、「エクセル経営」にコミットしてくれた。これも大事なことである。

分析チームをつくったとき、チームメンバーの上司の多くは反対した。月1回、東京本部で研修に参加するので「仕事に支障が出る」といった声が上がった。

だが、そうした声が上がるたびに、経営幹部に対して、社長が**「うちはデータ経営をやるんだ」**と何度も言った。それを繰り返すうちに誰も反対しなくなった。

分析チームに部下を出さないということは、会社の方針に反対することになるからだ。

■組織をダメにする最悪の一手

多くの会社は外部からデータサイエンティストや、数学や理論物理の研究者や専門家を迎え入れる。

私に言わせれば、**それは最悪の一手だ。確実に組織をダメにする。**

彼らは研究に興味はあっても、企業の実務にはまるで興味がない。そこを忘れてはいけない。

会社のつまらない数字を分析したいなんて、はなから思っていない。

メシの種として多少やったとしても、ライフワークとして本気でやる人はまずいない。

分析チームを社内の人材で構成できたことは、ワークマンにとって幸せなことだった。現場を知る業務部門の社員の中から分析チームのリーダーを選ぶ。業務部門の社員は現場に課題を抱え、「エクセル経営」をやる「理由」がある。そういう人が真剣に勉強して現場で実験するほうが、データ分析の専門家を招聘《しょうへい》するよりはるかにいい。

商品部のデータ分析チームは結成1年目の終わりに「分析成果発表会」を行った。小濵社長にも参加してもらい、商品部のマネジャークラス以下全員に発表させた。

発表のレベルは相当高く、すでに実務で使っているケースが多かった。自分の足で歩き始めていることがわかったので、商品部の分析グループは全員卒業となり、活動を休止した。

SV部、商品部、ロジスティクス部、ネット販売部の4部門で分析レベルがかなり高まり、各部で常に改善し続けていることが、当社躍進の一因である。

■「もしかすると自分が主役になれるんじゃないか」と自信を持たせる

当初はエクセルをほとんど使ったことがない社員も多く、「なぜこんなことをやらなくてはならないのか」と悩む人もいた。

実際、「在庫データがない会社が分析なんてできるのか」という声も多かった。

そういうときには、これから業態を変えていくために、データ分析が必要だと説明した。

SVと同行営業したときには、1対1で意義を繰り返し説いた。

車で移動しながら**「将来何をやりたいか」「会社をどうしたいのか」**と社員の**夢**を聞き、

新業態の構想を練った。

そのうえで「エクセル経営」の延長線上に新業態があると言い続けた。まず「エクセル経営」で生産性を改善し、新業態への資金を貯める。それは大きな改革の前哨戦である。その延長線上にあなたが望む新業態がある。売上も２０００億円、３０００億円に伸ばしたい。それが日頃使っているエクセルでできる。

会社は企業風土を変え、「５年後に年収で１００万円アップを実行する」と宣言した。５年分のベースアップまでコミットして会社を変革する会社は聞いたことがないかもしれない。

社員はその異常さに気づき、「会社は本気で変わる」「勉強しておこう」となった。

そして研修は比較的簡単なので「意外とできる」と思いながら、もしかすると自分に向いているかもしれないと思うようになる。そういう人は分析チームに入り、データ分析を特技として日々の業務に活かしていく。成果を発表すると、ポジティブなコメントをもらえるので少しずつ自信がつく。さらに我々経営者が期待を表明する。すると**「もしかすると自分が主役になれるんじゃないか」**と考えるようになった。

特に分析チームにいた約20人には牽引役になってもらい、まわりの人にいい影響を与えてもらった。

■データ活用上位者を会社全体で表彰する

「エクセル経営」を浸透させるために、データ活用の上位者や功績のあった社員は優遇した。

分析チームに参加した人は「改革意識が高い人材」と位置づけ、人事の定性評価を平均以上にした。分析チームの経験者には、本人の希望する部署へ異動してもらう。当社の場合、製品開発、広告宣伝などが人気部署なのでそこを経験させる。ＳＶであれば関東、関西、九州など、人口が多くて一般客の多い花形地域で活躍させる。

早い段階で分析チームは成果を挙げたので、社長表彰を出した。

経営計画に「エクセル経営」を入れたので、その成果の進捗がわかるよう、分析チームのメンバーの成果に対し、スポットライトを当てた。

普通は業績を上げて儲けたとか、世の中にない驚きの製品を出すとか、１００万本売れるパンツをつくったとか、そういう人を表彰するが、分析に対しても表彰することにした。

また、チームメンバーはデータ活用度の高い部署〈ロジスティクス部、商品部〈データ分析／生産管理グループ〉、ネット販売部〉に優先的に異動できるようにした。会社としてデータ活用人材を心から望んでいるというメッセージを出し続けている。部長への昇進条件にも**「改革マインド」と「データ活用力」を必須**としている。

店舗の自動発注設定チームのリーダーを、営業部長（ＳＶ部長）にしたこともメッセージ性があった。数字で店舗の最適在庫を実現することが営業部長の最大の任務だから、一番の有資格者だ。自動発注設定チームでの経験を活かして、部員にも分析の指導ができる。データ分析に秀でた人を昇進させることで、教育効果が高まり、「エクセル経営」の裾野が強化されていった。

2 なぜ、エクセル教育で社員が伸びるのか

■追従型SVがリーダーシップ型に変身した理由

データ活用して社内がどう変わったかを分析ソフト導入の半年後に追跡調査した。

データ分析ソフトを活用している上位10人、下位10人を調査したところ、一番アクセス数の多い社員は3か月間で1934回、一番アクセス数の少ない社員は127回だった。

私はこの20名の営業スタイルの変化が見たくて、それぞれ1日かけて加盟店巡回に同行した。

その結果、ある傾向がわかった。

データベースにアクセスしていないグループはコミュニケーション能力が高く、仕事はできるが、やり方が属人的になっていた。店長と交流を深め、信頼関係で自分の提案を店

SVが1日5回以上、データ分析ソフトを活用している

↓

高頻度なのでiPadを導入

SVの分析ソフトの9月1日〜11月29日アクセス数上位

No.	アクセス数	地区	役職
1	1934	愛知	担当
2	1001	愛知	担当
3	969	兵庫	担当
4	941	分析チーム	マネジャー
5	885	甲信越	部長
6	814	群馬	マネジャー
7	790	千葉	マネジャー
8	748	千葉	担当
9	714	直営	担当
10	707	広島	担当

アクセス数平均:336回

9月1日〜11月29日アクセス数下位

No.	アクセス数	地区	役職
126	185	和歌山	担当
127	163	福島	マネジャー
128	127	栃木	チーフ

図25｜データ活用の上位、下位を分析

SVが使う分析ツール

分析ツール	アクセス率	ツール内容
d3定型……i-Basic(定型分析)	50.0%	任意データ抽出
分析チーム作成…製品探し	10.0%	製品探し
d3定型……i-Reporter(**個人のカスタマイズ**)	7.0%	d3カスタマイズ画面
d3定型……i-Best(店舗販売比較)	7.0%	各店販売状況チェック
d3定型……i-Comp(昨年売上対比)	5.0%	個店昨対比較
分析チーム作成…**個店クラスター全店動向**	3.0%	地域特性アイテム算出
分析チーム作成…未導入製品の発見	2.0%	未導入製品リスト化
分析チーム作成…色サイズ別構成比確認	1.0%	色サイズ構成比算出
分析チーム作成…売場在庫算出	0.5%	売場、キャリー、季節製品在庫算出
分析チーム作成…販売ピーク	0.5%	販売ピーク月算出
分析チーム作成…クラス別販売構成比分析	0.5%	個店クラス別販売額算出
分析チーム作成…継続アイテム算出	0.2%	加盟店終了時買取品算出
分析チーム作成…**地域特性アイテム算出**	0.2%	地域特性アイテム算出
分析チーム作成…不動在庫算出	0.2%	不動在庫算出
その他	13.0%	
(＊**太字**は上級ツール)	100%	

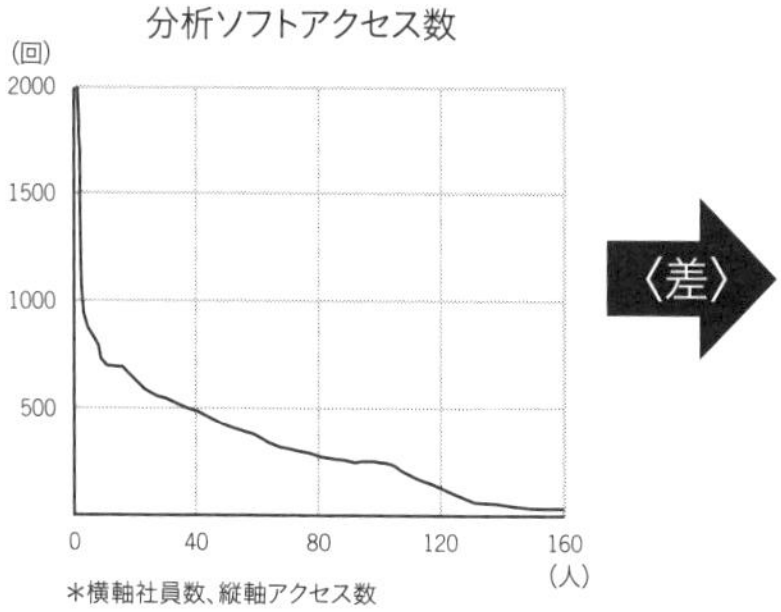

アクセス数上位のSV

◆地区平均の売れ数が頭に入っており、自信を持って各店長を説得できる

アクセス数下位のSV

◆店長と交流を深め、まず気に入られようとする
◆信頼関係で店長にこちらの提案を実行してもらう

長に実行してもらっていた。

一方、データベースにアクセスしているグループは、データをわかりやすく示して店長を説得していた。

研修前は伸び悩んでいた社員が、「エクセル経営」をきっかけに大きく成長したことがわかった。何人かのケースをお話ししたい。

SVのAさんと同行したときは、はっきりと「エクセル経営」の効果がわかった。ひと言で言えば、**人間が変わっていた**。

かつては追従型だったが、データで説明できることで自信を持ち、リーダーシップ型になっていた。

口調も変わった。以前の提案は自信なさげに「～ではないでしょうか」「～されたらいかがでしょうか」だったが、「～してください。なぜならこういう理由です」という具合だ。

Aさんはエクセルのデータをそのまま見せていた。かつてはグラフや表にまとめていたが、「このほうが伝わる」という。

私の個人的な考えでは、パワーポイント5枚程度にまとめたプレゼン資料を店長に見せるのがいいと思っていたが、実際には生データのほうがストレートに伝わった。加工が施されると信憑《ぴょう》性が落ちるのかもしれない。

Aさんは、生データを示しながら解説するのでＳＶの存在感、信頼感がアップした。まるでコンサルタントのようだった。

生データを示しながら、

「この製品を仕入れていないせいで、店長の収入が1か月５０００円減っています。このお店にはこの製品が入っていませんが、隣接する店舗ではこれが毎月50着売れています。発注すれば売上が上がりますよ」

と、地区平均や他店の売れ数を示し、自信を持って店長を説得していた。

個人の能力の高さで仕事をしていると、他の人がマネできないので標準にはならない。データを使うのは誰にでも簡単にできるので、標準になる。

■人に強く言えない「気弱ＳＶ」が劇変した理由

Bさんは、ＳＶとしてはとても気弱で頼りない感じだった。一緒に加盟店を回ると、経験豊富な店長に気おくれしてしまう。店長の中には、流通大手で20年間靴を売っていた人や、アパレルショップでカリスマ店員だった人など優秀な人が数多くいて、Bさんが何か提案しても、聞き入れてもらえなかった。

Bさんは慎重に物事を考えるタイプで、強い調子で相手を説得することは苦手だった。かつてのSVには大げさな言動や強気な態度も必要とされていた。前述したようにワークマンはデータのない会社だったからだ。

店舗の在庫データがなければ、「気合」で説得するしかない。そういう時代には、SVと店長は勘と経験をぶつけ合って丁々発止の勝負を繰り広げていた。SVの説得に対し、時には「本部の言うことにダマされるもんか」と言う店長もいた。

Bさんはエクセル研修を受けた後に分析チームに入り、データを活用しながら自分でいろいろ実験した。それを発表し、全社に広まったという成功体験を積んだ後、データ分析のプロになった。

説明の仕方は相変わらず朴訥《ぼくとつ》としていたが、データを示しながら「この製品を仕入れると儲かります」と数字で説明できるようになった。

加盟店にとってみれば、「口べたなSV」から「Bさんの言うことを聞くと儲かる」という存在に変わった。以前は話すのが苦手で仕事に対する自信もなかったが、データ分析のプロとして加盟店から評価されると、仕事に前向きになっていった。

「繁盛店はこの製品の陳列を目立つようにしています。店長の店より3倍売っています」とデータを示し、儲け話に置き換えて店長に提案する。そういった数字が頭に入っているから、現場でもスラスラ出てくる。

SVには大きく2つのタイプがいる。コミュニケーション型とデータ活用型だ。

コミュニケーション型は、天性の人間力でうまく店長の懐に飛び込み、相手の心をくすぐる技を持っているが、先天的な要素が多く、ゼロから育てるのが難しい。

だが、**データ活用型は後から学ぶことができる**。こちらは社内で育てられる。再現性がある。

Bさんはクリエイティブのセンスがあり、その後異動し、営業企画部で販促物の作成などを行っている。

彼は販促物を作成すると、必ずA／Bテストを行う。同じ製品のPOPを、Aパターン、Bパターンと少しだけ変えて作成し、同じ時期にどちらのPOPが販売につながったかを調べ、POPの最適化を図っている。

たとえば、清涼性が売りの作業服のキャッチを、

Aパターン「暑さに負けない」

Bパターン「暑さに耐え抜く」

と2パターンつくり、どちらが販売につながったかをいくつかの店舗でデータを取り、効果のあったほうを全店舗に展開している（Bパターンのほうが効果があった）。

■存在感がなかったSVが「季節製品管理」のプロに

Cさんは SVとしては、話しベタで、迫力不足、存在感がないと批判されることが多かった。

ただ、製品知識はものすごい。製品を語らせるとなんでも知っていた。データ分析力ははじめから高く、データ分析講習会の講師をしたことで、自信と存在感を身につけていった。

やがてSVとしても加盟店にとって不可欠な人材になった。

なにしろ個別製品の各店舗での在庫数や回転数まで頭に入っていた。

その結果、SV部のデータ分析では1、2を争う存在になった。

話す内容が魅力的なので店長は耳をそばだてた。Cさんはデータを根拠に気おくれすることなく、自信を持って説明するようになった。

その後、もともと製品に強いという理由で、本人の希望もあり、商品部に異動した。商品部にはデザイングループとデータ分析グループの2つがあるが、データ分析グループの中心的存在になり、需要予測が一番難しい季節製品やカジュアル系のアウトドア製品を担当している。

季節製品は特定時期に完売しなければならない。翌年に持ち越すと保管費がかかるので、データ分析力の高い人に任される。

Cさんは約60億円の発注をかけ、ほとんど在庫を残していない。そこにはデザインに関する目利きも必要だ。発売1年目の実績を見て、2年目のサイズや色の分布を考える。どの色、どのサイズを何割つくるなどの按分も行っている。

同時に生産管理も行う。いっぺんに製品が倉庫に入るとパンクしてしまうので、販売ピークを見極めながら分散させる。倉庫データ、買い手データ、販売データを、いったんデータ分析ソフトに入れて整理し、それをエクセルに落として自分で分析している。

■イケイケSVはどうやって「未導入製品発見ツール」を開発したのか

Dさんはイケイケな感じで押しの強いSVだった。直感的に売れ筋製品をとらえて店長を説得していたが、一部の加盟店からは煙たがられていた。データの裏づけはなかったので、「根拠なき自信家」「勢いだけの人」などと言われていた。

そんなDさんもエクセル研修を受けて大きく変わった。

データの加工、会議でプレゼンの練習方法、教え方、店長の説得の仕方なども積極的に質問するようになった。その後は、分析チーム講習の講師も務め、データを根拠とした理詰めのディスカッションをするようになった。もともと熱い男で一つのことに熱中しやすい性質だったので、トップクラスのマネジャーになった。

そして、驚くべきことが起こった。

第4章で紹介した**「未導入製品発見ツール」をつくった**のだ。

私は「まさかイケイケタイプで、エクセルを使い始めて6か月のDさんがつくったとは！」と唸《うな》った。

教育は人を変える。

データという客観的な資料を使うことによってDさんはひと回り大きくなった。

「未導入製品発見ツール」によって、彼の担当する加盟店の業績が急激に伸びた。

製品の過不足、売れ筋で扱っていない製品をデータ活用であぶり出し、かなりの成果が出た。

彼は現在SV部のエースで、一般客が多い東京や大阪を担当している。一般客が3～4割の地域だ。一般客が多いということは、いままでの常識が通用しないということ。品揃えもサイズもまったく違う店舗をDさんがデータ分析して対応している。

現在Dさんの担当地域は、全国トップクラスで成長（140～150％）している。立地のよさもあるが、彼の貢献度は大きい。

自らつくった全社公認の分析ツールを活用しながら、加盟店の売上を伸ばしたことが自信と成長につながった。

いかがだろうか。紙面の関係で4名しか紹介できないが、こうした例は枚挙にいとまがない。

ワークマンは2012年以来、8年間、データ活用研修ばかりやっている。

営業部の研修は、ほとんどがデータ活用研修だ。「継続は力なり」とはよく言ったもので、社員のデータ活用力は年々高まってきている。

これが功を奏した。

自信がまったくなかった人、存在感のなかった人、店長に信頼されていなかった人が、いまや**トップクラスの人材になり、リーダー**になっているのである。

第6章

興味こそがやりきる経営のエンジンである

1 経営者は社員の「夢」にコミットしなくてはならない

■どうしたら「やりきる」ことができるのか

これまでワークマンの8年間にわたる変革の道程についてお話ししてきた。

ブルーオーシャン市場の拡張（客層拡大）について、作業服から一般向けのアウトドアウェアへの拡張を果たし、今後も「女性」「雨」「靴」などをキーワードに新たな拡張を目指している。「エクセル経営」については到達イメージの2割くらいまできた。

つまり途中経過の報告である。まだ、道半ばにもきていない。

変革を「やりきる」のは、計画し推進する経営者にとっても社員にとっても大変なことだ。

だから**目標は一つ**でなくてはならない。

私たちは「しない経営」で、複数の目標を持たないことを徹底した。経営幹部が思いっきで社員に指示しないこと、出社するとどうしても不必要な指示を与えるので、社長や幹部は極力出社しないことを実行してきた。

その一方で、掲げた一つの目標をどうしたら「やりきる」ことができるのか。

アンジェラ・ダックワース著『やり抜く力』（神崎朗子訳、ダイヤモンド社、2016年）という本がある。ペンシルベニア大学のアンジェラ・ダックワース教授が、シカゴの学校で調査したところ、やり抜く力（GRIT）を持つ学生は退学せずに、きちんと卒業していく確率が高いとわかった。やり抜く力は後天的に身につけられる。知識や才能がなくても、強く意識して実践に活かせれば、物事を成功に導くことができるという。ダックワース教授は、やり抜く力の要素として次の4つを挙げている。

1 **Guts**（ガッツ）：**困難に立ち向かう「闘志」**

2 **Resilience**（レジリエンス）：**失敗してもあきらめずに続ける「粘り強さ」**

3 **Initiative**（イニシアチブ）：**自らが目標を定め取り組む「自発」**

4 **Tenacity**（テナシティ）：**最後までやりとげる「執念」**

さらにこれらを伸ばすためには、

1 **興味があることに打ち込む**
2 **失敗を恐れずチャレンジし続ける（挑戦せざるをえない環境をつくる）**
3 **小さな成功体験を積み重ねる**
4 **「やり抜く力」がある人のいる環境に身を置く**

ことが必要だとしている。私が２０１６年にこの書籍でグリットの考え方に触れたとき、この間実施してきたワークマンの経営によく似ていることに驚いた。

そして一つ強調したいのは、これを**トップダウンで実施するのではない**ということだ。『やり抜く力』の４つの要素はどれも素晴らしいものだが、他者から強要されたら巨大なストレスになる。

昭和の時代に流行したマッチョな会社では、朝礼で「困難に立ち向かいます！」「失敗してもあきらめず続けます！」などと大声で唱和していたものだ。

そして、上司と面談しながら「目標」を決める。自ら定めた目標のように思わされるが、実際には会社が定めたノルマのことが多かった。だから「自分で決めた目標なのだから必ず達成しろ。達成するまで帰ってくるな！」と言われると非常につらい。『やり抜く力』を電車広告などで見かけた経営者が、本質を理解せずにトップダウンで始めたら「ブラック企業」になりかねない。

「しない経営」の最も大切な点は**「社員のストレスになることはしない」**である。**頑張らないことが大切で、決して頑張ってやりきってはいけない**。

普通の人が普通に働いてやりきらなくてはならない。

誰かが死にものぐるいの努力で達成しても**迷惑**だ。なぜなら、そのやり方は後から続く人にとって再現性がなく何の役にも立たないからだ。

社員がストレスなくやり抜くことと、「やり抜く力」を伸ばす4つの要素は密接に関係している。

■人は夢で動く

やり抜くときに重要なのは**ゴールや夢を持つ**ことだ。

人は夢で動く。一つのことを苦しいと感じずに続け、やり抜くためには**夢、希望、興味**が必要だ。

いつも不思議に思うことがある。会社の夢（経営ビジョン）が語られる機会は多いが、そこに社員の夢が同居していることはめったにない。

ビジョンを共有するというが、それは**会社の夢を社員が理解すること**。

夢、希望、興味というのは、自分のものであるから能動的に動くのであって、他人のものには無関心なのである。

では、社員の夢とは何だろう。

それは一人ひとり違う。私はワークマンに入社してから100人近くの社員と話をしてきた。さまざまな会議、データ研修の合間、SVと加盟店回りをするとき、私が聞きたいことがあり、面談の時間をつくってもらったことも多い。

社員の中には夢として、自分のやりたいことを実現したいタイプがいる。

製品開発者に話を聞くと、やりたいことを明確に口にする。「高機能で世間をあっと驚かせたい」「若い女性にウケるデザインをしたい」「すごい製品なのにバカみたいに安いものをつくりたい」などと言う。彼らは「機能オタク」「デザインオタク」「価格オタク」といってもいい存在で、毎日何かに興味を持って仕事をしてくれる。

分析チームの中には、エクセルで独自の分析フォームをつくっている人もいる。

図26｜**新規事業で社員のやる気を引き出すシート**

中期ビジョンで社員と**「将来の夢」**を共有する

▼

「仕事＝自分の夢の実現」にする

受け身	企業風土の改革	自発性
強制・ノルマ・圧迫	→	自分で目標設定

社員と将来の夢を語る

受け身	企業風土の改革	自発性
たくさんの目標	→	目標は一つ

「できるまでやる」本気度

受け身	企業風土の改革	自発性
厳しい期限目標	→	期限なし

でも、必ずやり抜く風土

受け身	企業風土の改革	自発性
トップダウン	→	社員の知恵を集める

データで平等に議論する

受け身	企業風土の改革	自発性
事業成果にコミット	→	社員待遇もコミット

成功したら報酬増を前もって約束

上記は劇薬（劇的効果も出る）ゆえ、
少しずつ成果を検証しながら進める

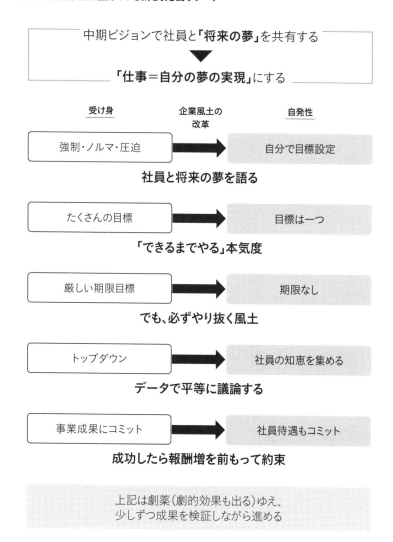

なんでもかんでも分析してしまう「3度のメシよりデータが好き」という社員もいる。「未導入製品発見ツール」をつくった社員は、半分趣味のような感覚でこの精緻なツールをつくりあげてしまった。

もしかすると彼らの中には、報酬を「二の次」に考えている人もいるのかもしれない。

■「オタクは少数」だと経営者は自覚すべき

興味とは「ワクワク感」である。

興味関心があることに対して、もっと知りたい、やってみたいと自分から主体的に行動をする意欲がたくさんある状態＝ワクワクしている状態だ。

だが、彼らのように**特別に強い興味を持つ社員は少数である**ことを経営者は自覚すべきだ。

興味は「ある」か「なし」かに2分されるものではない。強い興味、中くらいの興味、わずかな興味がある。「いつも製品開発のことが頭から離れない」など強い興味を持って会社にいる人もいれば、「ワークマンってなんとなく面白いことをやっていそうだ」というわずかな興味で入社してくる人もいる。

そういう人には「会社の夢に」「個人の少しの興味を持ちながら」、つき合ってもらうことになる。社員の価値観は多様化しており、仕事を「報酬を得るための手段」ととらえている人も多い。面談のときに少なからず聞いた「お給料が上がればいいなと思います」というのは正直な声だと思う。

私はワークマンの給与水準を見て、社員の能力に比べて低すぎると感じていた。

■社員の給与100万円アップを発表

前述したように中期業態変革ビジョンで「客層拡大」へ向かい、「しない経営」と「エクセル経営」で企業風土を変えるとき、**「5年で社員年収の100万円アップ」**を約束した。社員に対しては、会社の成長を見越して、先に報酬を払うことにしたわけだ。

あらかじめ賃上げにコミットしたのは結構インパクトがあった。「しない経営」でノルマはないので売上はコミットしていない。一方で賃上げを約束したのだから経営側としては結構大変な話だ。労働分配率は上がるし、外部要因で何か起きて経営が苦しくなるかもしれない。

しかし、これから会社の改革をやり抜こうとする経営者にとっては絶対に必要なことだと思ったから突き進んだ。

給与100万円アップについて、私は社長と大株主と話をした。

社員の給与が上がれば、株主の配当原資が減る。それでも**「社員は能力が高く、やる気になっている。もともとうちは成果主義だ。成果は出す。私が責任を取る」**と伝えた。

すると社長も大株主も同意してくれた。

■マネジャー以上の退職者が実質ゼロになった理由

社長は経営方針発表会でこのことを全社員に伝えた。

会の冒頭、社長が100万円の賃上げを発表すると会場は静まり、やや間を置いてどよめいた。

「信じられない」「なんでこんなことを言っているのか」という気持ちが「間」につながったのかもしれない。

給与100万円アップを約束してから、マネジャー以上で辞めた社員は一人しかいない。

その社員は家庭の事情で辞めたので、落ち着いたら復職してほしいと伝えて送り出した。

これは社員の会社への興味が低下していないことを表している。

新規事業にしろ、経営改革にしろ、社員に負担を強いる。負担を強いるなら必ず報酬は必要だ。

多くの会社は業績や事業の夢については雄弁に語るが、**社員の夢や報酬については語らない**。

売上目標はあっても**社員の報酬目標はない**。

たとえば、「3年で事業を120％成長させる」と言っても、社員のことはひと言も言わない。特に上場企業は株主のことばかり考えているから言えないのだろう。

会社にとって社員はとても大切だ。仮に先の不安があっても、「この目標を達成したら賃上げする」とは言える。経営の誠実さとして、「こういう条件を満たしたら、みなさんの給与を上げます」と**条件つきで約束して社員と一緒に進む**。夢に対して経営は本気で取り組み、成果が出なかったら**潔《いさぎよ》く謝る**。

私はいろいろな会社を見てきたが、給与水準が間違っているのではないかと思うケースが多い。会社の業績から見て、もっと給与を上げられるはずなのに給与が低い。

私もいくつかの会社を経営してきた。経営者の気持ちはよくわかる。誰だって翌年の経営が不安でたまらないから内部留保を厚くしたくなる。

しかし、給与が低いと社員の士気は確実に下がる。これからの時代はいっそうその傾向が強まる。

リーマンショック、コロナショック、自然災害など想定外のことが起き、事業が計画どおりに進まず業績が下がり、約束した報酬が払えないこともある。そのときは社員にきちんと事情を説明して謝ればいい。

社員は必ずわかってくれるだろう。

そして重要なのは、こうした予想外のアクシデントに見舞われたとしても、**一つの目標を「やりきる」姿勢は崩さない**ことだ。そうすれば社員の興味は継続させることができる。

■得意と感じたことは本当に得意になっていく

「やり抜く力」を伸ばす要素に「失敗を恐れずチャレンジし続ける（挑戦せざるをえない環境をつくる）」「小さな成功体験を積み重ねる」がある。

このとき重要なのは、**経営者が「必ずやりきる」という姿勢**を見せることだ。

ブルーオーシャン市場の拡張（客層拡大）は必ずやりきると示す。「エクセル経営」を始めるときに、社長は「うちはエクセル経営をやるんだ」と何度も言った。

これが「新業態をやります。でも調査をしてダメだったら、考え直すかもしれません」

という感じだったら、社員はチャレンジしなかっただろう。一所懸命やったのにはしごを外されたらかなわないと思うからだ。

経営者の中には「うちの社員はチャレンジしない」とぼやく人がいるが、それは経営側の覚悟が不足しているのではないだろうか。

社員にチャレンジさせて甘い成功の果実だけをかすめとろうとしているのではないか。反対にうまくいかなかったら、社員の努力不足と位置づけ、撤退しようとしているのではないか。

経営者にやりきる意志があるなら失敗は許容され、チャレンジが歓迎される風土ができる。

ワークマンの直営店は入社1、2年目の新人に任されている。そこではデータ活用しながら挑戦を繰り返し、レポートを書くのがおもな仕事で、売上は一切見ていない。

トレーニング店舗という位置づけで、社員にチャレンジすることと、**小さな成功を体験する場**にしている。

チャレンジと小さな成功を体験するうえで重要なのが、**ハードルの低さとほめること**である。「エクセル経営」をスタートさせたとき、多くの社員は「なんでそんなことをやらなくてはいけないのか」と思ったことだろう。なにしろそれまで店舗の在庫データすらなく、加盟店から「アナログワークマン」とバカにされていた会社だ。エクセルの集計機能すら使ったことのない社員も結構いた。

だから研修は基礎的なことから始め、修了試験は平均90点になる問題をあえてつくった。**得意と感じたことは本当に得意になっていく。**なぜなら興味の度合がどんどん強くなるからだ。

■「やり抜く力」がある人のいる環境に身を置く

経営者の仕事はワークマンの「やりきる」環境を整備し続けることである。

やりきる人がたくさんいて、やりきることが推奨される環境なら、やりきる人は確実に増えるだろう。

「エクセル経営」が少しずつ進展し、分析チームが活躍し始めたら、経営陣は積極的に彼らをほめた。発表会など日の当たる舞台を用意し、社長表彰もした。花形とされる部署に配置転換させたり、重要なポストへの昇進・昇格も積極的に行った。

SVはそれまでコミュニケーション力の高い人が評価を受けていた。一方、**「エクセル経営」で頭角を現したのはコミュニケーション力の低かった人たち**である。

実績を挙げても自発的に発表するタイプではない。謙虚さは美徳であるが、表舞台に立ち、賞賛されることで人が育ち、会社が求める人材像が浸透していく。

やりきる力を持つ人を経営者が評価することで、やりきる力を根づかせることができる。経営者が理解を示し、推奨することで、組織全体の意識が高まるのだ。

2 「冗員《じょういん》ゼロ宣言」をする

■「2-6-2の法則」は本当か？

「2-6-2の法則」というものがある。どのような組織でも、上位2割が優秀、中位6割が普通、下位2割がよくないと分類される。世間的には上位2割が重要で、彼らがやる気になれば改革ができるといわれている。

上位2割はノルマや期限がなくてもきちんと仕事をする。夢とまではいかなくても、会社の中で自分のやりたいことを見つけ、それに向かって自発的に進んでいく。つまり彼らは強い興味で動いている。

前述したとおり「興味」は「やりきる」うえで重要な要素だ。

ところが、経営者は時として社員の興味を失わせてしまう。性悪説に立ってノルマを与えるからだ。ノルマを与えると上位2割であってもストレスがかかり、急速にワクワク感を失う。絶対に達成できない大きなノルマ、ありえないほどの短い期限を示されれば誰だってやる気を失い、しらける。

これではせっかく自らの興味関心で仕事をしていた上位2割を潰してしまう。

■なぜ経営者はノルマを与えてしまうのか

ノルマは経営者や上司の「不安」の表れだ。

経営目標と進捗度チェック、業績目標を部署と個人に機械的に割り振っているだけで、ノルマの設定自体、そもそも付加価値を生まない。

企業変革、新規事業は、経営者の誰もが取り組んでいるテーマだが、難しいので挫折するケースが多い。それにもかかわらず経営者は真面目かつ欲張りなので、短い期限で、たくさんの目標を設定し、社員個人に責任を割り振りノルマ化する。

本当に納得していない状況で過大なノルマが課されているので、社員にとっては仕事がまったく楽しくない。

実際には、条件を整えれば「自発的に目標や期限を決めて仕事に打ち込む」社員がほとんどだ。だからノルマや期限は廃止してもまったく問題ない。もしそれが不安なら、ノルマ廃止を上位2割に限って試験的に始めてもいいだろう。

■中位6割、下位2割を活性化する方法

「2‐6‐2の法則」で考えたとき、多くの経営者は下位2割を捨てる。成果を挙げられなくても仕方がない人材と割り切ってしまう。

そして、上位2割だけに注力する。「上位2割が会社の8割の利益を稼いでいる。上位2割に感化され、中位6割が少しでも活性化してくれれば儲けもの。下位2割は気にするな」というのが、多くの経営者の実感だろう。

正直に告白すれば、私自身もワークマンにくるまでは上位2割を重視するタイプだった。突出した人に業績を上げてもらい、周囲にも好影響を与えてもらうことだけを考えていた。

だが、ワークマンにきてからあらゆる部署の社員たちとひざをつき合わせて話をしてみて、上位以外の8割（中位6割、下位2割）を活性化すること、すなわち彼らの興味の度合を少しでも増幅させることが、会社の成長や変革にとって不可欠だと考えるようになっ

た。

全員参加の「エクセル経営」を行うには草の根の意見、多様な意見を集める必要がある。また、上位2割はすでに興味＝ワクワク感が増幅されているが、中位6割の興味は中くらい、下位2割の興味はさらに小さい。

そこで**中下位8割の活性化**のために、具体的には次の3つを行った。

●得意分野の仕事をやってもらう

人には向き・不向きがある。得意なことには興味を持って取り組みやすいし、反対もしかりである。そこで下位2割と話をした。SVであれば一緒に加盟店を回り、食事をしながら悩みや成長の阻害要因を聞いた。

どんなことが得意なのか、どんなことに興味があるのかを聞き取り、それを人事部長と相談して配置転換する。少しでも興味のある仕事ができる場所を見つけることができれば、社員は以前より気持ちよく働けるようになる。

●得意分野がない場合は得意分野をつくる

やる気があるのに成果の出ない社員には、なんらかの武器を持たせることを考えた。

たとえば専門研修を受けさせる。研修は刺激になるからだ。

当社では、第5章で触れたとおり「エクセル経営」の研修や実践を通じて頭角を現し、評価が上がった人が多かった。

それまではおもにコミュニケーション力を重点的に評価してきた。コミュニケーションが苦手な人は、データ活用力が高い人が多かった。自分の得意分野がない人がデータ活用力に興味を持ち、猛勉強した面もある。するとデータ分析に強い人材になり、加盟店にも喜ばれ、評価が180度変わった。

●長所をほめて自信を持ってもらう

データ活用研修では低めの目標を設定し、達成したらほめて自信をつけさせた。

データ活用によって業務を改善した結果を発表する会では、どんな内容でも絶対に批判せず、前向きにほめまくるようにした。

自分が得意だと思ったら人は伸びる。人よりもすぐれていると思ったら伸びる。ほめるといっても言葉を飾る必要はなく、事実を伝えればいい。

1番、2番の実績を挙げた社員には、その事実をそのまま伝えればほめたことになる。

分析チームで上位の人は「分析チームでトップクラス」、分析チームで下位の人でも「それでも他の一般社員に比べて頭角を現している」と伝えた。

ただ、何度話をしても興味がはっきりしない、強みがわからないという社員もいた。

そういう人には**3つの選択肢**を与え「この中だったらどれがいいか」と選ばせたこともある。

自分の強みに対し自覚のない人もいたので、そういう人とは面談を繰り返しながら人事部長と相談した。そうしているうちに「几帳面さが強み」とわかり、丁寧さ、根気が求められる部署に配転した。現在はそこで活躍している。人には人それぞれの強みがあるのだ。

■下位社員が8割活性化すれば1日で960万円稼げる

正直、数多くの社員と面談を繰り返すと、心身ともに疲労した。

しかし、なるべく**楽観的**に考えることにした。

現在活躍できていない社員と面談し、その人が活躍できる部署に異動できたとしよう。

一人の雇用にはすべての間接費を入れると年間1200万円ほどかかる。だから、その人が8割活性化したとすれば、1年で960万円得したことになる。

「1日中面談して疲れた」ではなく、「1日で960万円稼いだぞ」と思うと気がラクになる。

そう考えると、かつての下位2割を捨てていた自分はなんともったいないことをしていたのだろうと気づかされた。

たとえば500人の会社で下位2割がまったく活躍しないとすれば、**毎年12億円をドブに捨てていた**ことになる。その人たちが8割活性化してくれれば、9億6000万円儲けたことになる。

結果として会社に貢献していない人がいない**「冗員ゼロ」**を人事部長とひそかに宣言した。

■組織は社員の力以上には成長しない

私を含め経営者は、社内の人材が一番頼りになるということを忘れがちである。

でも、ワークマンで社員と話してみて思うのは、社内人材は自社の隠れた強みや改革の制約条件を一番よく知っているということだ。

社外の人材は一見優秀に見えるが、社外人材をヘッドハンティングしても、正しい仕事ができるまでに2年はかかるし、やることはもともと社員がわかっていたことだ。

日産自動車のカルロス・ゴーン元会長のように、中途で入った超大物人材はいろいろ改革して一定の成果を出す。社内にあった「過去からのしがらみ」や「制約条件」を一掃するからだ。でも、それは社内でもできる。社員の能力を信じて、社員に改革や成長を阻害する制約条件を洗い出させ、経営者が実行すればいいだけだ。

制約条件は外部環境から与えられたものは少ない。経営者が勝手につくっていたり、社内の悪しき慣習から湧き出してきたりするものが多い。社員が自ら改革できれば、達成感も大きい。外部の大物に任せても、やることは同じだ。

だからこそ**「しない経営」**が必要なのだ。

当社は担当者レベルの中途採用は多いが、経営幹部クラスの中途採用は絶対にしない。外部の経営コンサルタントにも頼らない。**何がなんでも社員を育て抜くつもりだ。組織は社員の力以上には成長しない**からだ。

■過剰に社外の情報をアテにしてはいけない

私は新事業や新業態への参入にあたり、外部から過度に情報を集めないことにした。外部に本当に価値のある情報は少ない。正しい情報を持っている人は自分でその情報を独占している。社外の人は本当に価値ある情報は教えないものだし、普通の人からの情報は並みレベルで、間違っていることも多い。

社外の情報は書籍などで吟味したうえで、必要ならば三顧の礼で取りにいく。次章で対談する早稲田大学大学院・ビジネススクールの入山章栄《いりやまあきえ》教授もその一人だ。

人は価値のある情報を半分くらいしか漏らさないが、最優秀な人の半分の情報は私のような凡人にとって超貴重なものだ。

私は価値の高い情報を持っている社外有識者に1時間の話を聞くために、1か月くらいの準備をいとわない。2~3人くらいを経由して、その人物を紹介してもらえることが多いが、不成立のケースもある。年数回だけでも、本当に価値のある人に会って話を聞ければ十分ではないかと思う。

そうした特別な人を除き、**優先すべきは社外ではなく社員**である。最優秀な社員は自社の立場と隣接市場を一番理解しているものだ。

■わからないことは社員に聞こう

私は何か新しいことをする前に、必ず知見を持つ社員10人くらいに相談している。自分の仮説は50％間違っているため、社内有識者の意見を聴取する必要があるからだ。そのために役職やポジションに関係なく、「この分野は○○さん」という意見を聞いてみたい人リストをつくっている。彼らと5分、10分話すと、いろいろなアイデアをもらえる。

ほとんどの場合、社員の意見や反論を踏まえ、軌道修正を行う。

意見を言って吸い上げるタイプの上司だとわかってもらえれば、社員のモチベーションも徐々に上がっていく。社員の欲求やモチベーションの高い案件ほど成功するので、優先的に進めている。

3 夢に向かって動く組織に変わる

■何をやるかは経営が、どうやるかは社員が決める

社員と一緒に考え、社内の衆知を集める新事業や新業態に進出するときは、経営が不退転の決意を示すべきだ。そして何をやるかは経営が決める。ワークマンの場合、ブルーオーシャン市場の拡張（客層拡大）を図ると決めた。

どうやるかは知見が少ないため、社内の知恵を集めて試行錯誤する。

つまり、どうやるかは社員が決める。客層拡大してできた新業態であるワークマンプラスの運営は、社員が「エクセル経営」によるデータ活用によって決めた。

全社の営業利益を2年前に比べ１８１％に伸ばした。これは「エクセル経営」が浸透しているおかげだ。もし根づいていなければ、在庫が残り低価格路線も崩れる。

知見のない分野では、経営者は「自分のやることは50％間違っている」ことを公言し、日頃から謙虚な意識が必要だ。昭和や平成の成功体験は、現在ではリスクファクターでしかない。

経営者は「任せる」ことが重要だ。細かいことには口を出さない。

ワークマンの製品開発は商品部のチーフデザインオフィサーに任せ、社長も私も出来上がるまで口を出さない。そのほうがよいものができるからだ。

データ活用力に関しても、研修を始めた当初は私のほうが上だったかもしれないが、現在はまるでかなわない。今期から「エクセル経営」の幹部布陣が完成し、一番の目玉は「自動発注設定チーム」リーダーだった人を営業部長（ＳＶ部長）へ抜擢したことだ。彼は社内で一番、店舗の最適な品揃えと在庫のあるべき姿がわかっている。彼のデータ分析能力を１００とすると、

●**ロジスティクス部長＝90**：業務時間の半分はエクセルを駆使して入出荷、保管、配送計画づくりを行う

●**商品部長＝80**：エクセルを駆使して季節製品の翌年の生産量、生産計画、カラー・サイズアソートメントを決定する

●**社長＝70**：「客層拡大」製品を初めてつくった人でデザイン力は１００、実務で使うの

でデータ活用力も高い。両方できるので、当社の経営には「余人をもって代えがたい」人物

●私＝60：数字のウソを見抜くのが得意なので、人がつくったデータ分析の評価ができる。社長に負けて悔しいが、ワークマンの日々の運営を見ていないのでデータ活用度は高くない

となっている。

■社員のやりたいことをヒアリングする

社員は興味・ワクワク感を持ちながら仕事をすると、思った以上の力を出す。

新市場・新業態への進出が、会社から押しつけられた方針ではなく、社員が「自分の夢」「自分の興味あること」と思ってもらうのは本当に大切だ。

そこで、社員と面談を重ねる中で、「やりたいこと」をヒアリングしてきた。

そして、できるだけそれに沿うように方向づけをしてきたつもりだ。

そうすることで「会社の夢」ではなく、「自分の夢」「自分の興味あること」になる。会社の押しつけではないとわかると、社員はワクワク感を持ち、大きな力を発揮する。

私は社員とは前向きに将来の話をすることを心がけている。

ただそれでも、現状の課題に向かい合おうとすると、雰囲気が暗くなることがある。

でも、明るくないと会社はうまくいかない。

私の経験上、暗い話をしていると、マイナス感情のスパイラルに陥る。明るい話をしていると、なんでもいい面を見るようになる。悪い面を見すぎると、足踏みしてコミットできないし、先のことが語れなくなる。だから、

「5年後にやってみたいことはありますか」

と聞いてみた。

「作業服以外をやってみたい」

「独自のＰＢ製品をつくりたい」

などの声をよく聞いた。

おそらく社員同士の懇親会などで「この会社は将来どうなるのか」と話していたのだろう。そういう場所で誰かが話した提案やアイデアが少しずつ共有されていったのかもしれない。

いろいろな夢を聞くうちに共通の話があることに気づいた。

それが客層拡大のアイデアにつながっていった。そのうえで、

「あなたのやりたいことは素晴らしいと思う。それを実現するために、私はこういうプランを持っています。ぜひ一緒にやりましょう」

と話した。

営業は作業服だけでは先行きに対する閉塞感があったので、アウトドアウェア市場への進出に目を輝かせた。製品開発者は自分の活動範囲や創造性を広げたいという欲求が強く、PB製品の開発には心を躍らせてくれた。

100％同意してもらえなくても、多くの社員が6割くらい賛同してくれ、自分の夢として自発的に取り組んでくれた。

彼らが夢と興味を持ちながら、仕事をしてくれたからこそ、ブルーオーシャン市場の拡張（客層拡大）という難しい仕事をやりきることができたのである。

浅く広くなんでも一人でやってしまっていたジャングル・ファイターの私が、この8年間でだいぶ変わった。私を支えてくれた社員には感謝してもしきれない。

起業段階から発展段階に入ったワークマンプラスは、製品開発と店舗運営のエキスパー

トである小濱社長と、社内の「エクセル経営」のプロフェッショナルたちがさらに成長させてくれるだろう。

私は社員に負担をかけない形で、次の新業態に挑戦したい。

第7章

「両利きの経営」はどうすれば実現できるのか

……早稲田大学大学院・ビジネススクール 入山章栄教授との対談

土屋哲雄

「知の探索」型と「知の深化」型との幸せな出会い

土屋哲雄（以下、土屋）　入山先生の分厚い書籍『世界標準の経営理論』（ダイヤモンド社、８３２ページ）を読んで大変感激しました。私がこの10年間で読んだ３００冊のビジネス書の中で、一番すごいと思った本です。社内の推薦図書にして、志の高い社員に読んでもらいました。

この本の内容を２～３割くらい理解できたら、ＭＢＡの卒業生に負けないビジネス上の**「思考の軸」**をしっかり持つことができます。会社の将来の経営や意思決定に「深み」が出るはずです。

入山章栄教授（以下、入山）　ありがとうございます。自分で言うのもなんですが、世界のメジャーな

図27｜「両利きの経営」＝「知の探索」×「知の深化」

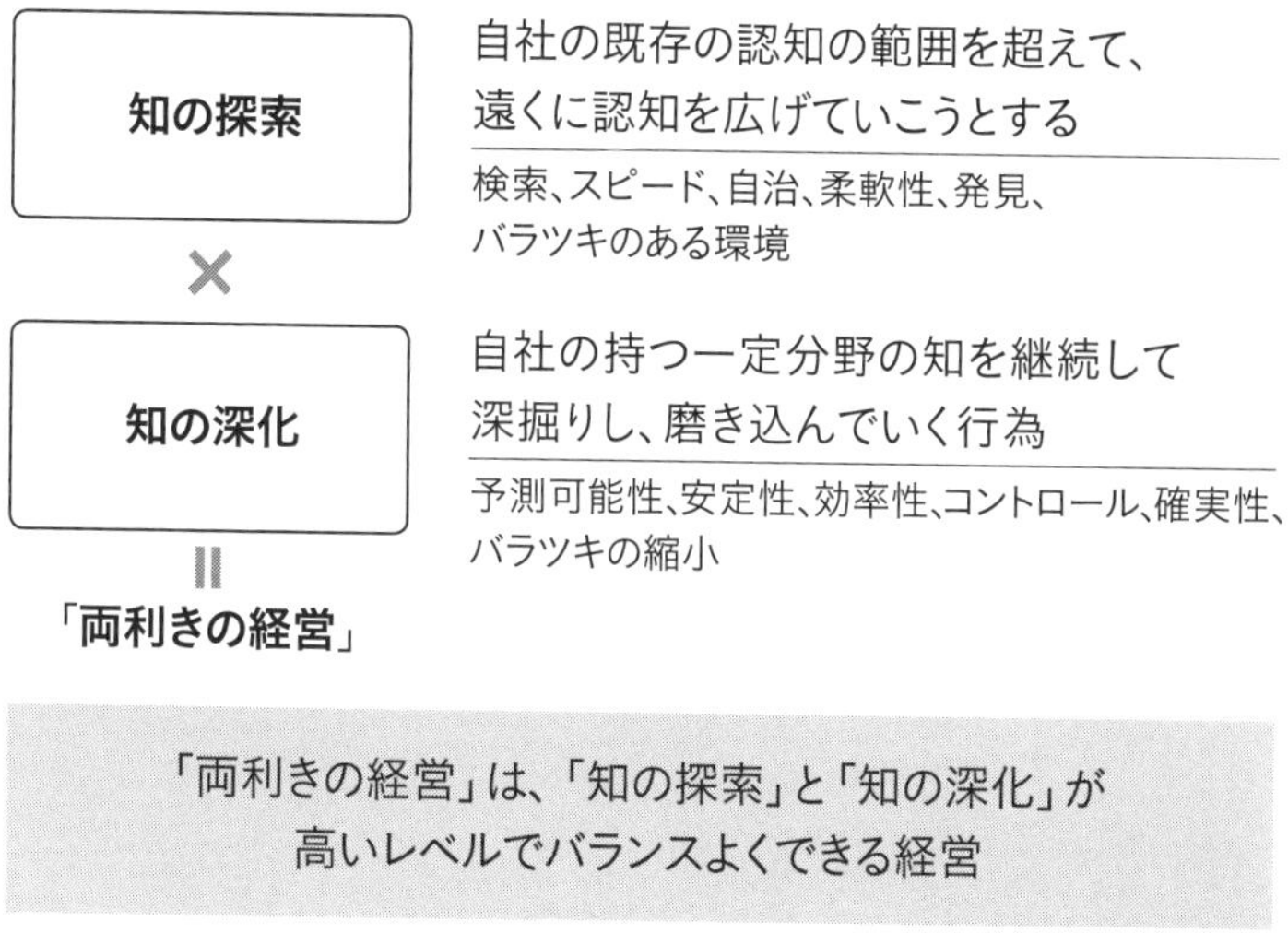
知の探索
自社の既存の認知の範囲を超えて、
遠くに認知を広げていこうとする
検索、スピード、自治、柔軟性、発見、
バラツキのある環境
×
知の深化
自社の持つ一定分野の知を継続して
深掘りし、磨き込んでいく行為
予測可能性、安定性、効率性、コントロール、確実性、
バラツキの縮小
＝
「両利きの経営」
「両利きの経営」は、「知の探索」と「知の深化」が
高いレベルでバランスよくできる経営

経営理論がカバーされているとても珍しい本だと思います。

土屋　特に**「『両利き』を目指すことこそ、経営の本質である」**は、私とワークマンとの関係性を考えさせられました。

入山　世界の経営学で、いま最も研究されているイノベーション理論の基礎は、**「両利きの経営」**です。基本コンセプトは「まるで右手と左手が上手に使える人のように、『知の探索』と『知の深化』について高い次元でバランスを取る経営」を指します。

土屋　じつはワークマンは「知の深化」型の会社で、私は「知の探索」型の人間です。この組合せは千載一遇だったと思っています。

入山 面白い見方ですね。

土屋 私は2012年にワークマンに入社しました。元商社マンで浅く広くいろいろな仕事をしてきました。売上100億円、利益10億円のビジネスなら、すぐにつくれる自信があります。

入山 現在の商社マンにはあまりいないタイプですね。自由に縦横無尽に動かれた「超探索タイプ」だったわけですね。

土屋 はい。その一方でワークマンは40年間、作業服だけを脇目も振らずにやってきました。徹底した標準化と合理化で成功してきましたが、成長の限界も見えていました。

入山 企業が収益を上げるには、業績の上がっている分野の知を「深化」させるのがいい。その一方で「知の探索」は手間やコストがかかるわりに、収益に結びつくかどうかが不確実であることが多い。自然、企業は「知の探索」を怠りがちになる。そのため知の範囲が狭まり、結果として企業の中長期的なイノベーションが停滞します。

土屋 そこに私の出番があったのだと思います。高機能で低価格な製品を「見せ方」を変えて別の客層に売ろうと考えました。それが1店舗でも成功すれば、その後は標準化して合理的に運営する能力をワークマンは備えています。

入山 イノベーションの源泉の一つは「知と知の組合せ」です。自社の既存のビジネスモデルという「知」に、他社が別事業で使っていた手法などの「別の知」を組み合わせることで、新しいビジネスモデルや製品・サービスを生み出していく。「知の深化」を継続する一方で「知の探索」を怠らない組織体制・ルールづくりが求められるのが、世界のイノベーション研究者の間でコンセンサスになりつつある考えです。「知の探索」型の土屋さんと「知の深化」を継続してきたワークマンは最高の組合せ。それがワークマンプラスという形で結実したのですね。

「エクセル経営」こそDXだ

入山 土屋さんがワークマンに入社されて最初に始めたのは、社員向けのエクセル教育だと聞きました。

土屋 新業態を運営するには、これまでの経験が活用できません。データ経営を行うためのインフラづくりや教育が必要でした。

入山 ワークマンの「エクセル経営」は**全員参加**という点が素晴らしい。日本でDX（デジタルトランスフォーメーション）というと、高度な情報処理システムを導入し、専門家がデータを分析すると多くの経営者が思っていますが、じつは違う、と私は考えています。大事なのは全社員が気軽にデジタルツールを活用できることのはずです。たとえば、四国の石川記念会HITO病院は医師や看護師全員に携帯デバイスを配りました。彼らは忙しいのでITコミュニケーションツールを活用するだけで仕事が大きく変わりました。御社の場合も高度な情報処理システムを導入するのではなく、エクセルでデータ活用しています。社員のみなさんは以前に比べてどう変わりましたか。

土屋　自分で考える癖をつけたと思います。社員全員が考え、データを使って業務を改善するようになりました。AIを使うと2つの事象の相関関係はわかりますが、因果関係がわかるわけではありません。それを確かめるには一つひとつ実験する必要があります。実験は実務者にしかできません。

入山　仮説を立てて、A／Bテストで検証していく。御社は仮説検証型企業ですね。

土屋　当社は扱っている製品数が多いので管理が難しい。そこで草の根の分析が必要になります。

たとえば、ある店で、ある職人さんが高所で使う作業靴を買い続けてくれたとします。その店はその靴をずっと扱います。でも、その職人さんが引退したら、取り扱いをやめるべきです。それは数字でしか発見できない。一人の職人さんが引退したかどうかがわかるソフトは組めませんが、エクセルなら管理できます。このように個店ごとにデータを分析して品揃えを変えていきます。細かいことですが、そういうことをやっています。

入山 やはり一人ひとりがエクセルでデータを活用するのが一番いい。

土屋 細かい分析をやるほど会社はよくなります。一つの店舗の問題を、適用先を広げて地域で当てはまるかを考え、さらには全国で当てはまるかを考えながら、会社の標準を修正します。

入山 **ほとんどの社員がこのレベルまでエクセルを活用できる会社って聞いたことがありません。**

土屋 「エクセル経営」のおかげでSVの仕事は半分になりました。約120人のSVが各店舗を週1回訪問しています。その仕事の大半は品揃えのチェックです。社員がエクセルで**「未導入製品発見ツール」**なるものをつくりました。売れ筋なのに仕入れていない製品が、売上ごとに上位から並びます。SVはこの結果を店長に見せればいい。エクセル歴6か月の社員が「エクセルにはまって」つくったツールが、会社を大きく変えました。

入山　そのファイルにはVBAを使っているのですか?

土屋　使っていません。関数とピボットテーブルだけです。

入山　へえ!

土屋　**「カニバリ製品発見ツール」**というものもあります。うちの製品は種類がやたら多いので、カニバリ（自社の製品が自社の他の製品を侵食してしまう「共食い」現象）のことが多いのです。

入山　私もワークマンでシャツを買うとき、どれにしようか迷ったくらいです。

土屋　このツールは、製品番号を入れると、カニバリ率が高い製品から出てきます。

入山　社員全員で使っているからこそ組織内の知恵が集まり、高まっていく。その結果がこうしたツールにつながっているのでしょう。

土屋　じつは相当難しいこともできます。たとえば自動発注のアルゴリズムをつくっているのですが、これもエクセルで全部行っています。10年かけて完成を目指していますが、担当の5名はエクセルベースで、毎週1回、アルゴリズムを検証して微調整する会議をやっています。

入山　シミュレーションできる社員はどのくらいいるのですか?

土屋　10%ぐらいの社員はできます。

入山　10％とはすごい。年齢層はどれくらいですか？

土屋　若い人が多いです。エクセルの勉強会をスタートしたときに20代だった人たちが、8年経過していまは30代になっています。ちなみに、社長の小濱もエクセルのヘビーユーザーです。

入山　間違いなくワークマンの特徴は「**エクセル経営**」です。エクセルを自分でいじってデータ活用経営をやっている会社、ましてや**全社員でやっている会社なんて聞いたことがないですよ！**

土屋　データ活用力は仕事の能力の半分以上を占めています。いまの営業部長（SV部長）は、前職は自動発注設定のチームのリーダーです。自動発注の設定をする人は、店舗の品揃えを一番よく知っている。アルゴリズムを変えられるので、その人が営業トップになりました。

入山　人事制度にも組み込まれているわけですね。

ベンダー、加盟店、顧客との「善意型」サプライチェーン

入山　ワークマンはベンダーや加盟店との関係が特殊だと聞いています。

土屋 国内ベンダーには当社の需要予測データを渡し、ベンダーが納品量を決めます。それをワークマンが全量買い取ります。

入山 全量買取？　ウォルマートは売る瞬間までベンダー持ちですよ。

土屋 それではサプライチェーン全体のコストが上がってしまいます。ベンダーの中にはペナルティを恐れて在庫を3、4倍持つところもあります。無駄ですし、どこかで価格に転嫁されています。

入山 そういう考え方ですか。

土屋 国内ベンダーとは、**40年間**つき合っています。つき合いが長いので、当社のことを当社の社員以上によく知っています。さらにベンダーは需要予測データを真剣に見て考えてくれます。当社は納品量が多くても少なくても怒ったりしません。ペナルティもありません。

入山 それってワークマンがリスクを取っているということですね。しかも、値引もない。

土屋 値引はありません。余ったら翌年に持ち越して定価で売ります。季節製品のキャリーコスト（翌期までの保管費用のこと）は10％なので、それがリスクです。うちがサプライチェーンの中心にいますから、うちがリスクを取ったほうがいい。これを**「善意型」サプライチェーン**と呼んでいます。

入山　たしかに極めて「善意型」と言えますね。**聞いたことのないしくみ**です。普通はデータを渡したら、ベンダーが予測し、在庫リスクなどの責任も取らせる。関係性が長いから、たとえ全量買取であっても、多めの納品などしない。強い信頼関係がありますね。

土屋　加盟店との関係も似たところがあります。本部と加盟店は利益を6対4で分けるので、ロスも6対4で分けるべきです。**店舗の値下げロスは6割を本部**が持ちます。

入山　ネットワーク組織を構築されている。ネットワーク組織は、いかに信頼のしくみをつくるかです。要するにソーシャルキャピタルということになりますね。

土屋　お客様との信頼関係は「値札を見ないで買う」ところに表れていると思います。おそらく値札を見るようになったときに信頼関係が崩れ、お客様の離反が始まるでしょう。

以前、消費税が8％になったとき、店長の仕事量が増えるので、値札をすぐにつけ替えろという指示はしませんでした。値札のつけ替えに2、3か月かかってもいいと。その代わりに「消費税が8％になりました」という看板を店頭に立てました。それでもお客様は値札を見ていませんでした。「よかった」と喜んだのですが、後でゾッとしました。値札を見ないということは、おかしな製品を出し、精算後に「高い」

と思われたら、お客様はこなくなるでしょう。

入山 お話を伺っていて、**オーセンティック・リーダーシップ**という考え方が頭に浮かびました。オーセンティック・リーダーシップは、倫理観を重視し、自分はどういう人間か、自分が大事にする価値観は何かなど、自分の考えに根ざしたリーダーシップを指します。

土屋 はい。

入山 オーセンティック・リーダーシップが注目されている背景には、時代の変化とともに、働き方やリーダーシップへの考えが変わってきたことがあります。これまでは、強い力、パワー、権力といったハードなものを備えた人がリーダーだとされてきましたが、現在では知識や価値観といった、よりソフトなものに基づくリーダーが求められるようになりました。

土屋さんはオーセンティック・リーダーシップを発揮されていると思います。価値観を表明され、殻をつくっていないので周囲から信用される。たぶん会社も同じで、ワークマン自体が**オーセンティック・カンパニー**になっているのではないでしょうか。ベンダーや加盟店との関係も障壁が少なく、さらけ出した情報を共有されています。そのために腹を割った信頼関係がつくられているのでしょう。

固定客200万人で挑んだ新市場

入山 現在はお客様のリピート率が非常に高いんですよね。

土屋 作業者の**リピート率は9割**で、平均月1回来店します。**固定客は200万人**います。

入山 その人たちはワークマンプラスの固定客にもなっていますか。

土屋 そのとおりです。ワークマンプラスで扱っているアウトドアウェアやアウトドアシューズは作業者の普段着です。作業現場に到着するまでの通勤着、通勤シューズになっています。

入山 新市場に入ったとき、すでに200万人の固定客がいるというのは、ものすごい資産ですね。もう少しライトな層というか、もともとアウトドアウェアを買いにきているお客様はどんな人たちですか。

土屋 そこが一番大きなテーマです。ライトな一般客が固定客化するかによって、アウトドアウェアの生産量が決まります。私の推論では、お客様の6~7割が年2~4回くる固定客になっていると推定していますが、データで検証し続けなくてはなりません。

入山 店舗数が多いから大変ですね。

土屋 じつはワークマンが標準化の鬼だったことが、「エクセル経営」に活かされています。店舗面積、品揃えが標準化され、値引販売もしないのでデータの精度が高いのです。そのため20店舗くらいで一般客のリピート率のデータを取っても、プラスマイナス5%くらいの精度で全店に当たります。

経営で一番大切なこと

入山 「エクセル経営」は、きれいなデータが取れることが前提条件ですよね。

土屋 昔は店舗在庫の数量データは一切ありませんでした。**余計なことを一切しない会社**なので、「分析しないのだから最初からデータは取らない会社」だったのです。

入山 大胆ですね。でも、**経営で一番重要なのは「しない」こと。「しない」とは、やりたいことが明確**という意味です。やりたいことがはっきりしているから、余分なものが捨てられる。その結果、組織全体に骨が出て、ワークマンのようなユニークな会社になります。

入山章栄教授

入山 章栄（いりやま・あきえ）
早稲田大学大学院経営管理研究科（ビジネススクール）教授。慶應義塾大学経済学部卒業、同大学院経済学研究科修士課程修了。三菱総合研究所でおもに自動車メーカー・国内外政府機関への調査・コンサルティング業務に従事した後、2008年に米ピッツバーグ大学経営大学院よりPh.D.を取得。同年より米ニューヨーク州立大学バッファロー校ビジネススクールアシスタントプロフェッサー。2013年より早稲田大学大学院経営管理研究科（ビジネススクール）准教授。2019年から現職。Strategic Management Journal, Journal of International Business Studiesなど国際的な主要経営学術誌に論文を発表している。著書にベストセラーとなっている『世界標準の経営理論』（ダイヤモンド社）などがある。

土屋　「しない」と決めたもので大きなものは**社内行事**です。パートの募集広告に「社内行事はありません」というキャッチコピーをつけたら応募者数が**4倍**になりました。

入山　パートさんは社内行事につき合わされるのは嫌ですよね。

土屋　「社内行事ゼロ」がこんなに受けるのかと驚きました。私は古い世代だから少し残念に思いましたが、もう時代が違うので仕方がありません。

入山　日本で「知の探索」ができないのは忙しいからです。私は働き方改革に賛成です。理由は単純で、余った時間で「知の探索」をやれるからです。そのほうが会社にとってイノベーティブです。

土屋　会議もオンラインのほうが無駄がありません。これまで1日かかっていた会議が半日で終わりましたし、発言者の表情も見やすい。

入山　日本企業のこれまでの頑張り方は大変効率が悪い。だから**「頑張らない」**は重要なキーワードです。トップがしくみを変えると部下はラクになり、自分のやりたいことができる。すると内発的動機が上がり、生産性が上がります。

土屋　目標、ノルマ、期限があるほど、内発性が下がり、パフォーマンスが下がります。

入山　土屋さんは基本的に部下を叱らないのですか。

土屋　ほめたほうが伸びますからね。叱ると社内の雰囲気が悪くなる。

入山　日本人は自己肯定感が低いという研究があります。精神の安定や心の安らぎには、「セロトニン」という脳内物質が関与していることが知られています。その脳内分泌量を調節しているのが「セロトニントランスポーター遺伝子」で、ＳＳ型、ＳＬ型、ＬＬ型の3種類があります。ＬＬ型の遺伝子を持つ人は、最も性格がおおらかで楽天的、逆にＳＳ型の人は不安を感じやすく、うつ病の発症リスクが高いことがわかっています。日本人はネガティブな性格のＳＳ型遺伝子を持つ者の割合が世界で最も高いので、不安が強すぎる傾向があります。

土屋　やはり行動を促すには、ほめることが重要なのですね。

「レッドクイーン理論」と競合を意識しすぎるワナ

入山　変な質問かもしれませんが、土屋さんはワークマンという会社を「何業」と位置づけられていますか？　作業服のＳＰＡは超えていますよね。「アパレル業」と考えたことはありますか。

土屋　ありません。**アパレルと同じことはしない**ようにしています。その点で、入山先生の『世界標準の経営理論』の中の**「レッドクイーン理論……競争が激化する世界で、競争すべきは競争相手ではない」**は大変勉強になりました。

入山　ありがとうございます。「レッドクイーン理論」は世界の経営理論の中で、まだまだメジャーとは言いきれないのですが、日本企業にとっては重要だと思って最後に追加しました。とにかく日本の会社はライバルを異常なほど気にしますから。

土屋　同業者を見すぎて、同質競争になってしまう。

入山　そう。もともとは捕食関係にある生物同士が競い合って進化し合う循環を、生物進化学で**「レッドクイーン効果」**と呼びます。それを経営に置き換えると、「企業はライバルとの競争が激しいほど、自身を進化させることを怠らないので、結果として生き延びやすくなる」というのが基本でした。しかし一方で、あまりにも激しい競争にさらされすぎると、競争そのものが目的化してしまい、競合相手だけをベンチマークするようになる。その結果、別の競争環境で生存できる力を失ってしまうのです。

土屋 アパレルもデザイン競争を熾烈に行っています。

入山 「知の深化」だけを進めてきた企業は認知の範囲が狭く、対応力が失われるという競争力のワナに陥ることになります。競合相手を過度にベンチマークした瞬間、認知範囲は狭くなります。ワークマンはベンチマークされることはあっても、することはないのですか。

土屋 現在はどこもベンチマークはしていません。かつてはデカトロン（フランスに本社があるスポーツブランドベンダー。低価格が売り）の研究をしたことがありました。

入山 特定業界を意識していないからこそ、第2、第3のブルーオーシャンを見つけることができるのかもしれませんね。

アンバサダーが開発段階からコミットするしくみ

土屋　でも作業服以外には知見がありません。そもそも作業服についても、職人さんにアドバイスをもらっていました。私たちは現場で作業服を使いませんから。いいものをつくろうと思うと、職人さんに聞くしかない。そうやって高機能・低価格製品をつくっていたら、別の分野の方が使ってくださって、ブログやYouTubeで製品を紹介してくれました。

入山　アンバサダーがワークマンの業種・業態を自然に広げてくれる。これはすごいしくみです。

土屋　開発段階から、アウトドア製品ならアウトドアのプロに聞けばいいというスタンスです。ワークマン好きのママキャンパーのサリーさん（ブログ「ちょっとキャンプ行ってくる。」https://chottocamp.com/）や、同じくワークマン好き「狩女子」のNozomiさん（YouTube「Nozomi's 狩チャンネル」https://www.youtube.com/channel/UCIZ_NlCxYgBFU0-orzc1skw）などにお願いしています。

たとえば、溶接用の「綿ヤッケ」というもので、綿素材なので火の粉が飛んできても燃え広がらないのが特徴です。これをアンバサダーであるサリーさんが、「すごくかわいい。たき火をして火の粉が飛んで

サリーさん

Nozomiさん

きても燃えない」と発信してくれました。

入山 それは効果があったでしょう。

土屋 ありがたいことに、それまでは年間２０００着しか売れなかったものが、**10万着**売れるようになりました。

入山 これはほしい。じつは私、薪ストーブが大好きなのです。軽井沢にある妻の実家の別荘に薪ストーブがあります。薪を庭から運んで、軍手をつけて焼《く》べる。炎を見ながら、赤ワインを飲む。それが幸せなのです。**究極のマインドフルネス**です。

土屋 入山先生に薪ストーブのアンバサダーになってもらいたいです（笑）。

入山 薪ストーブは相当奥が深い。ストーブにもいろいろな種類がありますし、どの木をどのように乾燥させて、どの順番で入れるか。そのときサリーさんの「綿ヤッケ」はぜひ使いたいです。

土屋 その後もサリーさんのアイデアで改良していきました。もともとは「ハーフジップ型」（半分までのファスナーで頭から着る）でしたが、「かぶるタイプだと髪の乱れが気になる」という意見をもらい、前が開く「フルジップ型」にしました。

入山 女性ならではの発想ですね。

土屋 私たちも考えていなかったことです。なぜかというと火の粉がファスナーに飛ぶと、ファスナーが下りなくなってしまう。でも、これが信じられないくらい売れました。買った人のほとんどがサリーさんの記事を見たといいます。

入山 影響力があるのですね。

土屋 アンバサダーは社内のSV向け製品説明会にも自然に入っています。そこではたくさんの意見を言ってくれます。自分の得意分野の製品に関しては社員以上に熱心です。

弱いつながりこそが、革新を引き起こす

入山 社内と社外の壁が非常に低いのですね。

土屋 今後は**テレビCM**に出演してもらいます。我々が全面的に広告するより、アンバサダーが宣伝してくれたほうがいい。将来的にはアンバサダーを**社外取締役**に迎えようとしています。製品開発の際には意見を聞いていますし、おかしなものをつくろうとしたら「それはダメ」と言ってくれます。

入山 女性でアウトドアをやっている方が増えているから絶対いいと思います。多くの人が、自然と一緒に生活する素晴らしさに気づいてきている。すると普段着で活用し

たいので、高級アウトドアブランドではなくワークマンを選びますよね。

土屋 アフターコロナは**地方分散の時代**になるでしょうから、飾らない、もっと自然に近い暮らしが主流になるかもしれません。

おそらく新たなアンバサダーとの関係も始まるでしょう。アンバサダーはそもそもオピニオンリーダーです。たとえば5万人フォロワーがいるということは、その業界の真ん中にいるということです。

入山 『世界標準の経営理論』の中に**「弱いつながりこそが、革新を引き起こす」**という**「弱いつながりの強さ」理論**があります。これからの組織はネットワーク型といって、人と人とが弱いつながりで境界を越えていく。

つながりの強いネットワークでは、いろいろな人から同じ情報を得ることになり、情報流通の無駄が多い。逆につながりが弱ければ、多様な情報を効率よく入手できます。弱いつながりをたくさん持っている人は、普通は手に入らない情報をたくさん入手できる。

イノベーションは既存の知と知の組合せで起こるため、弱いつながりをどれだけ多く持っているかがカギなのです。

土屋 現在、アンバサダーは30人くらいいますが、将来的には50人にしようと思っています。いろいろな分野のオピニオンリーダーと「弱く」つながっていくことで、会社は自然な形で変わっていけると確信しています。

ワークマンの第3のブルーオーシャン市場

入山 いろいろな市場に進出する可能性があるわけですね。ところで、ワークマンの製品はインスタ映えしますよね。

土屋 私的な考えですが、日本のウェアは地味すぎるのではないかと思います。もうちょっと明るくしたほうがいいのではないかと、結構明るい原色を使っています。

入山 それでユーザーがインスタグラムにアップするわけですね。

土屋 私はインスタをコンセプトにした店をつくりたいと考えています。ハッシュタグのつく店名で。そこでは4つの試着室があれば、2つをインスタルームにして情報発信してもらう。販売して終わりではなく、お客様が試着したり、楽しんだり、情報発信したりする場にしたいのです。

入山 お店の横に小さなキャンプ場をつくって、そこでアウトドアウェアを試着しながら写真を撮れるというのはどうですか。**ミニ体験ができるお店**です。

土屋　いいですね。

入山　釣り市場はどうでしょうか。**ワークマンフィッシング。**

土屋　ウェアの中には防水機能、撥水機能があるものや、収納用ポケットがたくさんついているものがありますから、イケるかもしれません。

入山　私のまわりのベンチャー経営者には釣りをしている人が多いです。釣りが一番自分と向き合えるし、成長させてくれるという声が多いです。私も子どもの頃からずっと釣りが大好きで海釣りも渓流釣りもやりますが、フィールドや釣りの仕方によってウェアに求められる機能は変わると思います。

土屋　そうなると、高機能・低価格のワークマン製品の出番がありそうですね。

入山　たしかに、防水、収納、虫除けなどの点から、ワークマン製品を選ぶ釣りファンは多いと思います。

イノベーションに不可欠な「センスメイキング理論」とは

土屋　ワークマンでの8年間の変革を振り返ったとき、私がやってきたことと『世界標準の経営理論』の**「センスメイキング理論」……『未来はつくり出せる』は、けっして**

妄信ではない」に書かれていたことに共通点が多く、自信になりました。CIOは「企業の将来を考える役員」なので、社員と夢を共有し、みんなを励まし、実際にワークマンプラスという形にする経験をしました。

入山　「センスメイキング（sensemaking）」とは日本語に訳すと「意味づけ・納得」という意味で、さらに平たく言えば**「腹落ち」**ということになります。「センスメイキング理論」とは**「腹落ちの理論」**なのです。組織のメンバーやステークホルダーを納得させ、いま何が起きていて、自分たちが何者で、どこに向かっているかという「意味づけ」を集約させる。センスメイキングは、イノベーションを起こすうえで欠かせない条件であり、変化が激しく不確実性の高い現代のリーダーシップで特に重要です。

土屋　社員と面談を重ねて「やりたいこと」をヒアリングしました。そして、できるだけそれに沿うように新業態の方向づけをしたつもりです。

入山　社員を大切にしながら標準化を進め、しくみをつくられていますよね。大胆に言うと、**人が入れ替わっても簡単には崩れない堅牢《けんろう》な組織**になっています。

スタープレーヤーを不要にする「凡人による凡人の経営」

土屋 **凡人による凡人の経営をしないと、100年の競争優位は築けない**と思っています。

入山 それはグローバル企業の考え方です。個人的な意見では、日本企業でこれができているのは、ファーストリテイリングぐらいかもしれない、と思っています。ファーストリテイリングは人が入れ替わってもうまく回るでしょう。ワークマンとは全然違うアプローチですが、しくみにするという点では、**日本中のどの会社より徹底されている**かもしれない。

土屋 うちの場合、トップダウンではなく**ボトムアップ**です。役員より社員のほうが重要です。私が入社したとき、役員は6人いましたが、いまは3人です。その代わり**社員全員が経営に参画するしくみ**をつくりました。**エクセルを使って草の根で意思決定**します。それが強みです。その社員も**一人ひとりが突出しなくていい**。突出しすぎた人の仕事は、引き継ぎができませんから。

入山 まさに**普通の人による普通の経営**ですね。「余人をもって代えがたし」ではいけない。

土屋 余人をもって代えられる。突出した人はいらない。**頑張ることは会社にとって望ま**

しくない。

入山　会社にとって望ましくない（笑）。

土屋　スタープレーヤーやデータサイエンティストはいりません。普通の社員に興味を持ってもらいながら楽しく仕事をしてもらうことが大切です。それには報酬も大切。私が入社したときの社員の平均年収は500万円台でしたが、現在は**700万円台**にまで上がりました。今後は**1000万円**に近づけていきます。それまでは**役員を増やさない、役員報酬を上げない**と決めています。

入山　本当ですか。

土屋　昔は経営者と社員の給与格差がいま以上にありました。それをどんどん縮めています。そもそも役員が社員の数倍も働けるわけがないのです。社員はエクセルを活用しながら、いろいろなアイデアを出します。役員以上に会社に貢献している社員は多い。だから、社員が大切というメッセージを伝えるには**「報酬アップ」の実行**が大事です。社員に仕事に興味を持ってもらいながら、**100年の競争優位**を築こうと思っています。

入山教授と土屋

驚異の脱力系企業の未来型サーバントリーダー

入山　土屋さんは会社のビジョンを社員の前で熱く語ることはないのですか。

土屋　個別には社員とよく話をしますが、社員全員の前で話すことはほとんどありません。全員の前で話したのは、会社に入って6回くらいでしょうか。反対に社員から、「こんなに会社が変わっているのだから説明したほうがいいですよ」と言われ、昨年は2年ぶりぐらいに話しました。

入山　会社のビジョンをトップが語り、それを中間管理職を通じて現場に落としていく。そうやって会社の方向性を共有するのがよい経営といわれていますが、ワークマンの場合、そうではないようですね。

土屋　はい。ミッション、ビジョン、バリューも毎年変わっています。

入山　毎年変わっているんですか（笑）。メチャメチャ面白いです。**驚異の脱力系企業**ですね。

土屋　そうですね。基本的にはオペレーション優位の会社ですから、上が「やれ」と言うとやりすぎてしまうのです。昔は社長の命令は「死んでも成しとげる」雰囲気がありました。それは企業にとってよくない。

入山　土屋さんは未来的なリーダーです。リーダーシップのスタイルでいくと、サーバントリーダーでしょう。

土屋　自分でもそう思いますね。商社時代はジャングル・ファイターでしたが、ワークマンにきて相当変わったと思います。

入山　しくみをつくり、社員一人ひとりの力を発揮させるのは典型的なサーバントリーダー。従来の強い権力を握るリーダーの弊害は、情報化社会において顕著に表れてきました。というのも、情報化社会では扱う知識量が膨大になるため、一人のリーダーの力だけでは処理することができない。その結果、時代の流れについていけなくなる恐れがあります。その点、**草の根のエクセル革命は衆知を集める全員参加型経営**ですね。

土屋　そうですね。

入山　サーバントリーダーは未来的です。サーバントリーダーだからこそ、ブルーオーシャン市場を拡張し、ワークマンプラスという成果が得られたのだと思います。社員の賛同を得ながら結果を出せたのは、**サーバント・リーダーシップで「しない経営」と「エクセル経営」を浸透させたこと**が大きいと思います。

おわりに

つくづく出会いとは不思議なものだと思う。

ジャングル・ファイターとして浅く広い「知の探索」を続け、すぐに実行していた私にとって、「知の深化」を続け、「しない経営」を実践してきたワークマンとの出会いは奇跡的なものとなった。

両者は長所を活かし合いながら**「両利きの経営」**を実践することができたと思う。

ワークマンの客層拡大とは、深掘りしてきた高機能・低価格製品を編集して、これまでとは異なるお客様に届けることだった。

面白いのは、編集の仕方（客層のターゲット）は必ずしも私たちが決めたわけではないということだ。

もともとワークマン愛好家のアンバサダーたちが、「この製品はツーリングにいい」「キャンプに使い勝手がいい」ときちんと編集したうえで、情報発信してくれる。

これは予期せぬ「知の探索」が自動的に行われているような感覚がある。

アンバサダーはそれぞれの分野のオピニオンリーダーでフォロワーに製品を広めてくれる。ツイッターやフェイスブックなどのソーシャルメディアが、企業イメージや製品・サービスの評価を左右する時代となり、ワークマンが目指す新市場の選定や客層拡大がアンバサダーによって行われている。

この分野はさらに進化していくだろう。


一方で、土屋嘉雄会長（当時）の「この会社では何もしなくていい」という言葉の真意は本人から明言されていない。その真意の一つは「小さな仕事はするな」ということではなかったかと本書で述べた。

「おまえがこれまでやってきたような、小さな事業をやられては迷惑だ。やるならもっと大きな事業をやれ。そのためにもしばらく腰を据えて勉強しなさい」と私は勝手に解釈したが、実際には、この言葉に添えられた「一流の人材を育ててほしい」という要望に応えるために「エクセル経営」をスタートさせた。

それが新業態を支える源泉となるとともに、企業風土を変えつつある。

勘と経験に頼る従来の経営からデータで判断する経営に変わることで、多くの社員が自分で考える癖を身につけた。

目標が少なく、期限とノルマがなく、上司が余計な仕事を増やさないことで、社員は気持ちよく働く時間が確実に増えた。これによってモチベーション高く、自主的に仕事に取り組むようになった。

客層拡大は新しいステージに入り、現在は「#ワークマン女子」「ワークマンシューズ」「ワークマンレイン」などの新業態店の準備に入っている。

「エクセル経営」については到達イメージの2割くらいまで達成したが、まだまだ道半ばだ。


では、やりきるにはどうしたらいいのか。

また、会長の「何もしなくていい」という言葉が聞こえてくる。

余計なことを何もしないからこそ、一つのことをやりとげることができるのだ。

［著者］
土屋哲雄（つちや・てつお）
株式会社ワークマン専務取締役
1952年生まれ。東京大学経済学部卒。三井物産入社後、海外留学を経て、三井物産デジタル社長に就任。企業内ベンチャーとして電子機器製品を開発し大ヒット。本社経営企画室次長、エレクトロニクス製品開発部長、上海広電三井物貿有限公司総経理、三井情報取締役など30年以上の商社勤務を経て2012年、ワークマンに入社。
プロ顧客をターゲットとする作業服専門店に「エクセル経営」を持ち込んで社内改革。一般客向けに企画したアウトドアウェア新業態店「ワークマンプラス（WORKMAN Plus）」が大ヒットし、「マーケター・オブ・ザ・イヤー2019」大賞、会社として「2019年度ポーター賞」を受賞。
2012年、ワークマン常務取締役。2019年6月、専務取締役経営企画部・開発本部・情報システム部・ロジスティクス部担当（現任）に就任。「ダイヤモンド経営塾」第八期講師。これまで明かされてこなかった「しない経営」と「エクセル経営」の両輪によりブルーオーシャン市場を頑張らずに切り拓く秘密を本書で初めて公開。本書が初の著書。

ワークマン式「しない経営」
――4000億円の空白市場を切り拓いた秘密

2020年10月20日　第1刷発行
2023年6月13日　第7刷発行

著　者――土屋哲雄
発行所――ダイヤモンド社
〒150-8409　東京都渋谷区神宮前6-12-17
https://www.diamond.co.jp/
電話／03･5778･7233（編集）　03･5778･7240（販売）
装丁――――山影麻奈
編集協力――橋本淳司
本文デザイン―布施育哉
本文図版――渡邉和美
校正――――加藤義廣、宮川咲
本文DTP・製作進行――ダイヤモンド・グラフィック社
印刷・製本―勇進印刷
編集担当――寺田庸二

ISBN 978-4-478-11145-1